Ludwig Holborn

Über die Abweichung vom Tagesmittel, welche die Deklination und die Horizontal-Intensität zu verschiedenen Tageszeiten aufweisen

und über die jährliche Periode derselben

Ludwig Holborn

Über die Abweichung vom Tagesmittel, welche die Deklination und die Horizontal-Intensität zu verschiedenen Tageszeiten aufweisen
und über die jährliche Periode derselben

ISBN/EAN: 9783743328136

Hergestellt in Europa, USA, Kanada, Australien, Japan

Cover: Foto ©ninafisch / pixelio.de

Manufactured and distributed by brebook publishing software (www.brebook.com)

Ludwig Holborn

Über die Abweichung vom Tagesmittel, welche die Deklination und die Horizontal-Intensität zu verschiedenen Tageszeiten aufweisen

Während der Periode der Polarexpeditionen von 1882 August 1 bis 1883 August 31 sind ausser den erdmagnetischen Beobachtungen an den verabredeten Terminstagen auch an allen übrigen Tagen des Jahres, und zwar dreimal täglich, Beobachtungen der drei erdmagnetischen Componenten von den Herren Professor E. Schering und K. Schering im erdmagnetischen Observatorium zu Göttingen angestellt. Diese letzteren, von mir reducirt, sind gleichzeitig mit den Terminsbeobachtungen veröffentlicht[1]). Die vorliegende Arbeit beschäftigt sich einestheils mit der Untersuchung über den Verlauf der jährlichen Periode, welche in der Abweichung der Deklination und Horizontal-Intensität zu den Beobachtungsstunden von dem täglichen Mittel dieser Componenten auftritt. Hieran schliesst sich noch eine Darstellung derselben Erscheinung an einigen anderen Beobachtungsorten.

In Göttingen hatte man als Beobachtungszeit 8^h am, 1^h pm und 10^h pm gewählt. Was die Art und Weise betrifft, in der die Beobachtungen im Einzelnen angeordnet wurden, so verweise ich in dieser Beziehung auf das oben citirte Werk. Hier mögen folgende Bemerkungen genügen. Die Variation der Deklination wurde zu jeder der drei Tageszeiten in der Regel fünfmal abgelesen, die der Horizontal-Intensität nur zweimal. Erstere fünf Beobachtungen liegen vertheilt über den Zeitraum von einer halben Stunde, die beiden letzten begrenzen die Dauer von zehn Minuten. Alle vorhandenen Beobachtungen einer Componente sind zuerst in ihrem arithmetischen Mittel zusammengefasst. Da jene um die jedesmalige volle Stunde symmetrisch vertheilt sind, so gilt dieses Mittel für $8^h\,0^m$ am, resp. $1^h\,0^m$, oder $10^h\,0^m$ pm. Es mag daher passend als Stundenmittel bezeichnet werden.

Aus diesen Stundenmitteln sind alsdann Tagesmittel gebildet, indem je drei aufeinander folgende zusammengefasst sind. Da einmal die beiden ersten Stundenmittel eines Tages mit dem letzten des vorigen Tages vereinigt wurden, alsdann alle drei Stundenmittel desselben Tages und zuletzt die beiden letzten Stundenmittel eines

---

1) Ernst Schering und Karl Schering: „Beobachtungen in Gauss' Erdmagnetischem Observatorium in Göttingen während der Polarexpeditionen 1882 und 1883" im I. Bande der Beobachtungs-Ergebnisse der deutschen Stationen.

Tages mit dem des folgenden Morgen, so entstanden drei Tagesmittel für jeden Tag. Dieselben zeigen unter einander um so grössere Unterschiede, je mehr die regelmässige Bewegung der erdmagnetischen Componenten durch unperiodische Störungen getrübt ist. Ihre Aufstellung gewährt aber den Vortheil, dass die Abweichungen vom Tagesmittel, das heisst die Differenzen zwischen zusammengehörigen Tages- und Stundenmittel, um so mehr von jenen Störungen befreit sein werden. Diese Methode, verschiedene Tagesmittel für denselben Tag zu bilden, eignet sich also besonders zur Anwendung, wenn man die Abweichung von dem Tagesmittel für jeden Tag bilden will, um so mehr, wenn man hierzu aus Mangel an Registrir-Apparaten nur wenige stündliche Ablesungen besitzt.

Für uns, die wir jetzt den jährlichen Gang untersuchen wollen, welchen die „Abweichungen vom Tagesmittel" zeigen, können die einzelnen täglichen Werthe derselben, welche natürlich immer noch mit manchen unregelmässigen Schwankungen behaftet sind, nicht unmittelbar zur Verwendung gelangen. Wir müssen zuförderst mehrtägige Mittel aus demselben bilden, damit die Regelmässigkeiten deutlicher hervortreten. Man hat bisher zu diesem Zweck meistens Monatsmittel angewandt, der Erfolg wird zeigen, dass man sich schon mit zehntägigen Mitteln begnügen kann. Bei diesen heben sich schon fast alle Störungen auf, der Unterschied in den drei verschiedenen Tagesmitteln fällt weg. Allerdings einige besonders grosse Schwankungen an Tagen, an welchen magnetische Gewitter herrschten, machen sich in den zehntägigen Mitteln bemerkbar. Die Aufzählung derselben weiter unten zeigt aber, dass ihre Anzahl nur eine sehr geringe ist während des ganzen Jahres. Nachdem dieselben ausgeschieden sind, ist für die betreffende Dekade, worin sie vorkommen, ein neues Mittel gebildet, das der weiteren Rechnung zu Grunde gelegt ist.

Deklination.

Was zunächst die Deklination anbetrifft, so mögen hier die Mittelwerthe ihrer Stunden- und Tagesmittel für 37 Dekaden folgen, entsprechend den Beobachtungen von 1882 August 15 bis 1883 August 19. Das der Deklination vorgesetzte C. bedeutet, dass hier das Complement der westlichen Deklination gemeint ist, dass also der Winkel, welchen die Magnetnadel mit dem astronomischen Meridian bildet, von Norden über Osten und Süden gezählt ist. Die letzte Columne der Tabelle enthält gleichzeitig das zehntägige Tagesmittel befreit von der Sacular-Aenderung, wobei die Tagesmittel für die drei verschiedenen Tageszeiten in eins zusammengefasst sind. Als Sacular-Aenderung für das Jahr von Mitte August 1882 bis dahin

1883 ist der Betrag von 4'4 in der Rechnung angewandt, als Epoche für diese Reduction ist die Mitte des betreffenden Zeitraums, nämlich 1883 Februar 15.5, angenommen.

Zehntägige Mittel der C. Deklination zu Göttingen.

1882/83		Tagesmittel: 346° +			Abweichung vom Tagesmittel			Tagesmittel vermind. um var. saec. 347° +
		8ʰ am	1ʰ pm	10ʰ pm	8ʰ am	1ʰ pm	10ʰ pm	
August	19	61'2	61'2	61'1	+4'8	−6'2	+1'5	+3'4
	29	60.2	60.2	60.3	4.7	7.5	2.5	2.3
September	8	60.9	60.8	60.9	4.6	6.7	1.9	2.9
	18	60.4	60.5	60.4	4.5	6.7	2.2	2.2
	28	60.9	61.0	60.9	4.2	7.2	3.6	2.6
October	8	61.8	61.9	61.8	3.8	6.4	2.5	3.4
	18	61.2	61.2	60.9	3.3	6.1	3.0	2.6
	28	61.3	61.4	61.6	0.3	5.0	4.6	2.7
November	7	63.6	64.6	64.7	1.3	4.9	3.8	5.5
	17	63.6	63.8	63.6	1.2	4.9	1.0	4.8
	27	63.8	63.7	63.7	1.4	3.3	2.1	4.7
December	7	63.0	63.0	62.9	+1.2	2.8	1.7	3.9
	17	63.3	63.3	63.4	−0.3	2.8	3.0	4.0
	27	64.4	64.3	64.3	0.0	2.6	2.6	4.9
Januar	6	63.8	63.8	63.7	+0.9	2.9	1.9	4.2
	16	63.8	63.8	63.9	1.5	2.9	1.4	4.2
	26	64.6	64.6	64.5	+1.4	4.3	2.9	4.8
Februar	5	64.3	64.2	64.3	−0.1	4.2	4.2	4.4
	15	63.1	63.1	63.1	+2.4	3.9	1.5	3.1
	25	62.1	62.6	62.4	2.1	4.6	3.0	2.3
März	7	62.9	62.8	62.5	2.7	4.9	2.4	2.5
	17	62.6	62.6	62.9	3.3	6.0	2.3	2.3
	27	63.1	63.1	63.1	4.1	7.3	3.1	2.6
April	6	63.6	63.6	63.7	5.3	7.6	2.0	3.0
	16	64.6	64.7	64.6	5.9	7.3	1.4	3.9
	26	64.9	64.8	64.8	4.9	6.5	1.5	3.9
Mai	6	63.7	63.8	63.7	5.0	6.4	1.4	2.7
	16	64.4	64.9	64.9	4.9	6.4	2.0	3.6
	26	66.1	65.6	65.7	3.9	5.7	1.2	4.6
Juni	5	64.3	64.3	64.4	5.0	6.1	1.0	3.0
	15	64.9	65.1	65.2	5.5	6.3	1.1	3.6
	25	65.8	65.9	65.6	5.3	6.2	0.8	4.2
Juli	5	64.6	64.7	64.7	4.7	5.8	1.3	3.0
	15	65.8	65.8	65.8	5.7	6.4	0.8	4.0
	25	64.6	64.7	64.5	5.2	7.1	2.0	2.6
August	4	66.2	66.1	66.2	3.8	6.4	2.4	4.1
	14	65.5	65.6	65.6	+4.7	−6.1	+1.4	+3.4
	Mittel:	63.5	63.5	63.6				

Die Beobachtungen, welche ohne Zweifel sehr grosse Abweichungen von den gewöhnlichen Werthen ergeben, sind nun ausgeschieden. Es sind dies die von 1882 October 2 1ʰ pm, November 17 10ʰ pm, 1883 Februar 1 und 2 10ʰ pm, Februar 2 und 3 8ʰ am, Mai 21 10ʰ pm und Mai 22 10ʰ pm. Für die Dekaden, in denen diese Tage vorkommen, sind neue Mittel berechnet unter der Voraussetzung, dass die ausgeschiedenen Tage Deklinationswerthe haben, welche gleich dem Mittel aus denen der übrigen Tage der betreffenden Dekade sind.

Die auf diese Weise ergänzten zehntägigen Mittel für die „Abweichungen vom Tagesmittel" sind für die Berechnung der Formeln, welche ihre jährliche Periode darstellen, zu Grunde gelegt. Streng genommen hätte an diese Werthe vorher noch eine Correction wegen säcularer Aenderung angebracht werden müssen. Denn die Zusammenstellung der Amplituden für die tägliche Bewegung der Deklination, welche Herr Professor Wolf in den „Astronomischen Mittheilungen" für verschiedene Jahre und verschiedene Beobachtungsorte giebt, lässt wohl keinen Zweifel zu, dass dieselben sich in gesetzmässiger Weise von Jahr zu Jahr entsprechend der Zu- oder Abnahme der Sonnenflecke ändern. Doch abgesehen davon, dass diese Aenderung in einem Jahre ziemlich klein ist, lassen die Beobachtungen von nur einem Jahr auch ihre Bestimmung nicht zu. Dieselbe ist daher nicht weiter berücksichtigt.

Betrachtet man die drei Columnen in der Tabelle, welche die „Abweichung vom Tagesmittel" darstellen, so tritt sofort ein Unterschied hervor zwischen den beiden Abweichungen um 8ʰ am, 1ʰ pm einerseits und der um 10ʰ pm andrerseits. Während bei den ersteren eine jährliche Periode deutlich hervortritt, fehlt sie bei der letzten. Diese ist also von der Jahreszeit unabhängig oder die etwa existirende Abhängigkeit ist eine so geringe, dass sie sich bei der vorhandenen geringen Anzahl der Beobachtungen an einem Tage hier nicht bemerkbar macht. Es schien daher angebracht, nur für die Werthe der beiden ersten Columnen eine Formel zu berechnen, welche ihre jährlichen Perioden darstellt und zugleich möglichst nahe den vorgegebenen Werthen kommt.

Die Abweichung um 8ʰ am vom Tagesmittel wird dargestellt durch die Formel

$$= \begin{matrix} 3'364 + 1'370 \cos z - 1'898 \sin z \\ + 0.185 \cos 2z + 0.653 \sin 2z \\ + 0.103 \cos 3z + 0.163 \sin 3z \end{matrix}$$

$$\begin{matrix} 3'364 + 2'341 \sin (146°328 + z) \\ + 0.679 \sin (23.680 + 2z) \\ + 0.193 \sin (32.290 + 3z) \end{matrix} \Bigg\}$$

Hier bedeutet z die Anzahl der Tage, welche seit August 19. verflossen sind. Genau genommen würde z grösser als ein Tag sein, da 360 z schon ein Jahr ausmachen. Die für die Berechnung der Formel zu Grunde gelegten Werthe und die, welche aus derselben rückwärts wieder berechnet sind, mögen hier folgen:

1882/83.		beob.	ber.
August	19	+4.8	+5.0
	29	4.7	4.9
September	8	4.6	4.7
	18	4.5	4.4
	28	4.4	3.9
October	8	3.8	3.4
	18	3.3	2.8
	28	0.3	2.3
November	7	1.3	1.6
	17	1.2	1.1
	27	1.4	0.8
December	7	+1.2	0.6
	17	−0.3	0.5
	27	0.0	0.5
Januar	6	+0.9	0.6
	16	1.5	0.9
	26	1.4	1.2
Februar	5	1.7	1.5
	15	2.4	2.1
	25	2.1	2.6
März	7	2.7	3.1
	17	3.3	3.6
	27	4.1	4.1
April	6	5.4	4.6
	16	5.9	4.9
	26	4.9	5.1
Mai	6	5.0	5.2
	16	4.9	5.2
	26	4.5	5.2
Juni	5	5.0	5.0
	15	5.5	4.9
	25	5.3	4.9
Juli	5	4.7	4.8
	15	5.7	4.8
	25	5.2	4.9
August	4	5.8	5.0

Die mittlere Abweichung zwischen den beobachteten und berechneten Werthen beträgt 0′589.

Die Abweichung der C-Deklination um 1^h pm vom Tagesmittel wird dargestellt durch

$$-\begin{cases} 5'497 + 1'143\cos s - 1'187\sin s \\ + 0.307\cos 2s + 1.180\sin 2s \\ + 0.086\cos 3s - 0.076\sin 3s \end{cases}$$

$$= -\begin{cases} 5'497 + 1'648\sin(136°083 + s) \\ + 1.577\sin(11.260 + 2s) \\ + 0.121\sin(45.242 + 3s) \end{cases}$$

Die Werthe, aus denen die Formel erhalten und die, welche aus ihr rückwärts berechnet sind, folgen.

1882/83.		beob.	ber.
August	19	+6.2	+7.0
	29	7.5	7.1
September	8	6.7	7.1
	18	6.7	7.0
	28	6.8	6.7
October	8	6.4	6.3
	18	6.1	5.8
	28	5.0	5.3
November	7	4.9	4.7
	17	4.9	4.1
	27	3.3	3.6
December	7	2.8	3.1
	17	2.8	2.8
	27	2.6	2.7
Januar	6	2.9	2.7
	16	2.9	3.0
	26	4.3	3.4
Februar	5	4.2	3.9
	15	3.9	4.6
	25	4.6	5.2
März	7	4.9	5.8
	17	6.0	6.3
	27	7.3	6.7
April	6	7.6	6.9
	16	7.3	6.9
	26	6.5	6.8
Mai	6	6.4	6.4
	16	6.4	6.3
	26	5.7	6.1
Juni	5	6.1	5.9
	15	6.3	5.8
	25	6.2	5.9
Juli	5	5.8	6.1
	15	6.4	6.3
	25	7.1	6.6
August	4	6.4	6.8

Die mittlere Abweichung der beobachteten Grössen von den berechneten ist gleich 0′432. Der Unterschied zwischen beobachteten und berechneten Werthen würde nicht in demselben Maasse abnehmen, als man in der Formel noch höhere Glieder hinzufügte, wie der Versuch zeigte. Wenn die Reihe wirklich noch eine kleinere Periode, vielleicht von Monatslänge, hat, so sind zur Darstellung derselben die Beobachtungen von vielen Jahren erforderlich. Dieselben bedürften dann auch sicher einer anderen Anordnung als der hier angewandten, um eine solche Periode hervortreten zu lassen. Eine Anordnung der vorliegenden Beobachtungen zu fünftägigen Mitteln gab auf diese Frage keine Beantwortung, da in diese alle Unregelmässigkeiten der täglichen Schwankungen eingingen.

Wenn man von dem ungleichen Vorzeichen absieht, welches die Abweichungen vom Tagesmittel um 8^h am und die um 1^h pm aufweisen, so folgt, dass beide am Ende des Monats December ein Minimum haben. Ueberhaupt verlaufen sie während des Winters sehr regelmässig und übereinstimmend. Complicirter wird der Verlauf der beiden sie darstellenden Curven während der Sommermonate, wo zwei Maxima bei beiden auftreten. Dieselben fallen bei der vormittägigen Abweichung auf Mitte Mai und Anfang August, bei der nachmittägigen tritt das eine früher, nämlich Mitte April, das andere später, nämlich Ende August, auf. Diese Maxima sind in beiden Fällen durch ein Minimum getrennt, welches bedeutend kleiner ist als das Hauptminimum im Winter.

Es könnte scheinen, als ob dieses sekundäre Minimum im Jahre 1883 nur zufällig, vielleicht in Folge unperiodischer Schwankungen, aufgetreten wäre und somit nicht dem jährlichen Gange eigenthümlich wäre. Das dem nicht so ist, lehrt eine Vergleichung mit den regelmässigen täglichen Deklinationsbeobachtungen, welche in früheren Jahren zu Göttingen angestellt sind. Diese umfassen die Zeit von April 1834 bis März 1840. Während derselben wurde täglich der Stand des Unifilar um 8^h am und 1^h pm abgelesen. Die Resultate dieser Beobachtungen sind veröffentlicht theils von Gauss, theils von Goldschmidt in den „Resultaten des magnetischen Vereins" 1836 und 1839. In beiden Mittheilungen ist der Werth für die Deklination um 8^h am und 1^h pm und der Unterschied zwischen beiden in Monatsmitteln angegeben. Die Reihe derselben für den letzteren, welchem in unserem Falle die Summe der durch die beiden Formeln ausgedrückten Grössen entsprechen würde, weist in jedem Sommer zwei Maxima auf mit Ausnahme der Jahre 1837. Es zeigt sich dabei, dass das erste Maximum in der Regel grösser ist und regelmässig in den Monat April fällt, das zweite aber sich vom Juni bis zum August verschiebt in den einzelnen Jahren.

Wir stellen hier die sechsjährigen Monatsmittel, wie sie Goldschmidt mittheilt, mit den vom Jahre 1882/83 zusammen, wobei nur zu bemerken ist, dass die letzteren die Mittel aus den jedesmaligen drei Dekaden sind, welche zum grössten Teil ein Monat ausmachen.

	1834—40.	1882/83.
April	15' 23"0	12'5
Mai	14 17.6	11.0
Juni	13 57.8	11.5
Juli	13 26.6	11.6
August	14 13.5	11.1
September	12 44.7	11.2
October	10 52.5	8.3
November	6 52.2	5.7
December	4 53.4	3.0
Januar	6 39.6	4.6
Februar	7 56.9	6.3
März	12 26.1	9.4
Mittel:	11 7.0	8.85

Der Gang dieser Reihen stimmt überein. Dass die absoluten Beträge der einzelnen Glieder keine Uebereinstimmung zeigen, liess sich voraussehen, wenn man berücksichtigt, dass die jährliche Aenderung noch nicht eliminirt ist.

Goldschmidt stellt für die sechsjährigen Monatsmittel folgende Formel auf:

$$11'117 + 2'067\cos\varphi + 3'990\sin\varphi = 11'117 + 4'494\sin(27°386 + \varphi)$$
$$+ 1.413\cos 2\varphi - 1.060\sin 2\varphi \quad\quad + 1.766\sin(126.876 + 2\varphi)$$
$$+ 0.340\cos 3\varphi + 0.153\sin 3\varphi \quad\quad + 0.375\sin(\;65.075 + 3\varphi)$$
$$+ 0.392\cos 4\varphi - 0.100\sin 4\varphi \quad\quad + 0.405\sin(104.311 + 4\varphi)$$
$$+ 0.013\cos 5\varphi - 0.440\sin 5\varphi \quad\quad + 0.044\sin(178.308 + 5\varphi)$$
$$+ 0.042\cos 6\varphi. \quad\quad\quad\quad\quad\quad\quad + 0.042\sin(\;90.000 + 6\varphi)$$

Hier bedeutet φ die Anzahl der seit Mitte April verflossenen Monate multiplicirt mit 30°.

Fassen wir unsere oben angegebenen Formeln in eine zusammen, welche unmittelbar den Unterschied der Deklination um 8^h am und derjenigen um 1^h pm angiebt und führen wir diese der Vergleichung wegen auf die Epoche zurück, welche der Goldschmidt'schen Formel zu Grunde gelegt ist, indem wir mit hier hinreichender Genauigkeit $z + 120° = \varphi$ setzen, so erhalten wir

$$\begin{aligned}
8{,}861 &+ 1{,}415 \cos \varphi + 3{,}719 \sin \varphi \\
&+ 1.341 \cos 2\varphi - 1.343 \sin 2\varphi \\
&+ 0.189 \cos 3\varphi + 0.087 \sin 3\varphi \\
= 8{,}861 &+ 3{,}979 \sin(\ 20^\circ 831 + \varphi\ ) \\
&+ 1.893 \sin(135.041 + 2\varphi) \\
&+ 0.204 \sin(\ 64.997 + 3\varphi)
\end{aligned}$$

Es wird viel Interesse bieten, den jährlichen Gang der täglichen Bewegung der Deklination in Göttingen mit dem an anderen Beobachtungsorten zu vergleichen. Zu diesem Zweck sind zuerst die Beobachtungen der Breslauer Sternwarte benutzt. Auch dort sind ausser den Terminstagen des Jahres 1882/83 an den gewöhnlichen Tagen dreimal täglich Variationsbeobachtungen der Deklination angestellt. Dieselben sind nicht zusammen mit den Terminsbeobachtungen in dem Deutschen Polarwerk abgedruckt, wurden aber für den vorliegenden Zweck von Herrn Geh. Rath Galle mit gütiger Bereitwilligkeit, für die ich hier meinen Dank ausspreche, im Manuscript zur Verfügung gestellt.

Die Beobachtungen sind am Morgen in der Zeit von $7^h 30^m$ bis $8^h 0^m$ angestellt und zwar so, dass eine bestimmte Beobachtungsminute nicht eingehalten ist, sondern dieselbe innerhalb dieses Zeitraums beliebig wechselt. An einigen wenigen Tagen fällt die Beobachtungszeit auch noch früher oder später, doch kann wohl nichts desto weniger die Zeit um $7^h 45^m$ als die mittlere Beobachtungszeit angesehen werden. Die Beobachtungen am Mittag fallen meist alle in den Zeitraum von $0^h 40^m$ bis $1^h 30^m$ pm, doch so, dass von 1882 August bis Ende November die Beobachtungszeit nur innerhalb der Zeit von $1^h 20^m$ bis $1^h 30^m$ wechselt; nachher sind die Beobachtungen meistens vor 1^h angestellt. Da die Zeit für die Beobachtungen am Abend im Laufe des Jahres sich fast um zwei Stunden verschiebt, dieselben auch viel früher, nämlich um 6^h resp. 8^h pm, angestellt sind als die entsprechenden in Göttingen, so ist vorläufig von diesen abgesehen. Es geht dies um so mehr an, als uns die Beobachtungen von Göttingen schon hinreichend zeigen, dass für die Abweichung des abendlichen Stundenmittels vom Tagesmittel keine deutliche jährliche Periode existirt.

Da die Beobachtungsstunden Morgens und Mittags in Göttingen und Breslau ziemlich zusammenfallen, so ist die Differenz zwischen der Deklination am Morgen und Mittag an beiden Orten vergleichbar. Es sei dabei besonders darauf hingewiesen, dass die Beobachtungen an beiden Stationen nach Ortszeit angestellt sind, und somit der tägliche Gang der Deklination zu gleichen Ortszeiten mit einander verglichen wird. Denn wenn auch die unperiodischen Störungen für nicht allzu entfernte Orte gleichzeitig auftreten, so hängen doch die periodischen täglichen Aenderungen der erdmagnetischen Componenten von dem Stande der Sonne gegen den Meridian des betreffenden Beobachtungsortes ab.

Es folgen nun die zehntägigen Mittel der westlichen Deklination in Breslau. Dieselben sind in Theilen p der Ablesungs-Skala ausgedrückt. $1p$ ist gleich $0'586$.

Zehntägige Mittel der westlichen Deklination zu Breslau.
$8° 52'7 +$

1882/83.		Stundenmittel.			Tagesmittel.	Tagesmittel —var. saec.
		8^h am	1^h pm	(1^h pm $- 8^h$ am)		
August	9	$+64.7^p$	$+80.1^p$	15.5^p	$+72.4^p$	$+67.4^p$
	19	64.9	82.4	17.5	73.6	68.9
	29	63.4	82.9	19.5	73.1	68.7
September	8	64.8	82.7	17.9	73.7	69.6
	18	65.8	82.9	17.1	74.4	70.4
	28	66.7	82.5	15.9	74.6	70.9
October	8	64.5	79.3	14.8	71.9	68.5
	18	65.8	78.6	13.7	72.2	69.0
	28	70.8	75.3	4.5	73.0	70.2
November	7	67.0	75.5	8.5	71.3	68.6
	17	69.1	70.9	1.9	70.0	67.6
	27	66.2	73.0	6.8	69.6	67.5
December	7	66.9	72.9	6.0	69.9	68.1
	17	67.3	73.5	6.1	70.4	68.8
	27	67.3	71.5	4.2	69.4	68.1
Januar	6	64.4	69.4	5.0	66.9	65.9
	16	63.4	70.4	7.0	66.9	66.1
	26	62.5	70.4	7.9	66.5	66.0
Februar	5	64.3	71.5	7.2	67.9	67.6
	15	62.0	70.1	8.1	66.1	66.1
	25	61.9	72.0	10.1	66.9	67.2
März	7	61.9	71.5	9.6	66.7	67.2
	17	59.4	74.6	15.2	67.0	67.8
	27	59.4	75.1	15.7	67.2	68.3
April	6	57.6	77.1	19.5	67.4	68.7
	16	56.1	74.9	18.8	65.5	67.1
	26	56.3	75.0	18.7	65.7	67.5
Mai	6	57.0	75.6	18.6	66.3	68.4
	16	57.4	76.0	18.6	66.7	69.1
	26	56.6	74.5	17.9	65.5	68.1

		Stundenmittel.			Tagesmittel.	Tagesmittel —var. saec.
1882/83.		8ʰ am	1ʰ pm	(1ʰ pm − 8ʰ am)		
Juni	5	56.2ᵖ	74.9ᵖ	18.8ᵖ	65.6ᵖ	68.4ᵖ
	15	55.3	74.2	18.9	64.7	67.9
	25	53.3	73.2	19.8	63.3	66.7
Juli	5	53.7	72.2	18.4	63.0	66.6
	15	52.9	73.1	20.2	63.0	66.9
	25	52.7	73.3	20.6	63.0	67.2
August	4	55.7	71.7	16.0	63.7	68.2
	14	54.0	71.7	17.7	62.9	67.6
	24	54.4	73.8	19.4	64.1	69.1

Als Säcular-Variation ergiebt sich für das Jahr 1882 Mitte August bis dahin 1883 der Werth von 9.48ᵖ = 5′56. Die letzte Columne stellt die Tagesmittel befreit von dieser Aenderung dar. Als Epoche für diese Reduction ist wieder die Mitte des betreffenden Zeitraums angenommen.

Bevor die in der Tabelle enthaltenen Unterschiede zwischen Morgen- und Mittagsbeobachtung in eine Formel entwickelt wurden, welche ihren jährlichen Gang darstellt, wurden noch die Beobachtungen von 1882 October 25 Morgens und die von November 17 und 20 Abends ausgeschieden.

Die folgende Tabelle stellt die der Rechnung zu Grunde gelegten Werthe dar, ihre zweite Columne enthält zugleich die aus der Formel rückwärts berechneten Grössen. Die mittlere Abweichung zwischen beiden beträgt 1.61ᵖ oder 0′94.

1882/83.		beob.	ber.
August	19	17.6ᵖ	20.0ᵖ
	29	19.4	19.9
September	8	17.9	19.2
	18	17.1	17.6
	28	15.9	15.5
October	8	14.8	13.3
	18	13.7	11.2
	28	7.5	9.4
November	7	8.4	8.0
	17	2.1	5.9
	27	6.8	5.4
December	7	6.0	5.4
	17	6.1	5.6
	27	4.2	5.9
Januar	6	5.0	6.2
	16	7.0	6.5
	26	7.9	6.9

1882/83.		beob.	ber.
Februar	5	7.2	7.4
	15	8.1	8.2
	25	10.1	9.5
März	7	9.6	11.2
	17	15.2	13.1
	27	15.7	15.3
April	6	19.5	17.3
	16	18.8	18.9
	26	18.7	20.0
Mai	6	18.6	20.3
	16	18.6	20.1
	26	17.9	19.4
Juni	5	18.8	18.6
	15	18.9	17.9
	25	19.8	17.5
Juli	5	18.4	17.6
	15	20.2	18.1
	25	20.6	18.8
August	4	15.7	19.5

Die Formel selbst lautet

$$13.550^p + 4.601^p \cos \varepsilon - 5.992^p \sin \varepsilon$$
$$+ 0.551 \cos 2\varepsilon + 1.776 \sin 2\varepsilon$$
$$+ 1.286 \cos 3\varepsilon + 1.176 \sin 3\varepsilon$$

oder

$$7'940 + 2'696 \cos \varepsilon - 3'470 \sin \varepsilon$$
$$+ 0.323 \cos 2\varepsilon + 1.035 \sin 2\varepsilon$$
$$+ 0.754 \cos 3\varepsilon + 0.689 \sin 3\varepsilon$$

oder

$$7'940 + 4'394 \sin (142°155 + \varepsilon)$$
$$+ 1'084 \sin (\ 17°332 + 2\varepsilon)$$
$$+ 1'021 \sin (\ 47°579 + 3\varepsilon)$$

Während das Minimum im Winter, welches in die erste Hälfte des December fällt, in der Zeit nicht sehr von dem in Göttingen abweicht, verhalten sich die zwei Maxima im Sommer auch dementsprechend. Das erste tritt am Ende des Monats April ein, das andere verschiebt sich bis zum August hin. Im Folgenden, wo wir noch die Deklination von zwei anderen Beobachtungsorten hinzufügen, werden wir Gelegenheit haben auf eine eingehendere Vergleichung des jährlichen Gangs für die Abweichung der Stundenmittel vom Tagesmittel zurückzukommen.

Wir benutzen zu diesem Zweck zuerst die Beobachtungen zu Pawlowsk. Für das Jahr von 1882 September bis 1883 August 31 stehen uns zwei Reihen von Beobachtungen zur Verfügung. Einmal die Resultate, welche die Registrirapparate des Pawlowsker Observatorium ergeben haben. Dieselben sind von Herrn P. A. Müller verwendet zur Berechnung des normalen täglichen Ganges aller drei erdmagnetischen Elemente und ihrer Störungen[1]). Die Amplituden dieses Ganges sind auch in Monatsmitteln mitgetheilt, deren Reihe eine jährliche Periode erkennen lässt. Wir sehen von diesen Ergebnissen vorläufig ab und ziehen zur Vergleichung mit unseren bisher erhaltenen Resultaten die Ablesungs-Beobachtungen heran, welche während des Jahres September 1882 bis August 1883 dreimal täglich in Pawlowsk angestellt sind. Dieselben sind gleichzeitig mit den Terminsbeobachtungen publicirt[2]). Die Ablesungen geschahen um 7^h am, 1^h pm und 9^h pm Göttinger Zeit. Dies entspricht den Ortszeiten $8^h\ 22^m$ am, $2^h\ 22^m$ pm und $10^h\ 22^m$ pm.

Was die Beobachtungen der Deklination betrifft, welche zunächst für uns in Betracht kommen, so wurden dieselben an zwei Unifilaren angestellt. Wir benutzen nur die Ablesungen desjenigen Instruments, welches als „Grosses Unifilar" bezeichnet ist. Wir bilden für diese zunächst, wie früher, die zehntägigen Mittelwerthe. In denselben machen sich aber ungleich mehr Störungen bemerkbar, wie in denjenigen der Göttinger und Breslauer Beobachtungen. Es ist unwahrscheinlich, dass dieses darin begründet ist, dass in Pawlowsk im Allgemeinen die Störungen in so viel grösserer Stärke auftreten als an den beiden anderen Beobachtungsorten. Wahrscheinlich ist vielmehr, dass der Unterschied durch die Beobachtungsmethoden begründet ist. Denn abgesehen davon, dass für Göttingen Mittel aus halbstündlichen Beobachtungen zu Grunde gelegt sind, bestehen für Breslau auch einzelne Ablesungssätze, während in Pawlowsk wahrscheinlich nur eine Ablesung gemacht ist. Letzteres ist allerdings nur eine Vermuthung, da in der Publikation der betreffenden Beobachtungen hierüber keine nähere Angabe gemacht ist.

---

1) P. A. Müller, Ueber den normalen Gang und die Störungen der erdmagnetischen Elemente in Pawlowsk während der Periode der Polarexpeditionen August 1882 bis August 1883. St. Petersburg 1885.

2) Termins-Beobachtungen der erdmagnetischen Elemente und Erdströme im Observatorium zu Pawlowsk vom September 1882 bis August 1883 von H. Wild. St. Petersburg 1885.

Zehntägige Mittel der westlichen Deklination zu Pawlowsk.

1882/83		Stundenmittel 0° 30' 0 +			Tagesmittel.	Abweichung vom Tagesmittel.		
		$8^h 22_m$ am	$2^h 22_m$ pm	$10^h 22_m$ pm	0° 30' 0 +	$8^h 22_m$ am	$2^h 22_m$ pm	$10^h 22_m$ pm
September	8	13.2	22.5	14.8	16.8	—3.6	+5.7	—2.0
	18	12.4	21.5	14.0	16.0	—3.6	5.5	1.9
	28	12.7	21.1	14.0	15.9	—3.3	5.1	1.9
October	8	11.5	18.8	8.8	13.0	—1.5	5.8	4.3
	18	12.9	19.5	12.9	15.1	—2.2	4.4	2.2
	28	16.7	17.2	11.9	15.3	+1.5	1.9	3.4
November	7	13.4	17.9	12.0	14.4	—1.0	3.5	2.4
	17	13.8	15.5	7.8	12.4	+1.4	3.2	4.6
	27	12.6	15.6	10.7	13.0	—0.3	2.6	2.3
December	7	13.9	16.0	12.3	14.1	—0.2	1.9	1.8
	17	14.2	14.3	7.6	12.1	+2.2	2.3	4.5
	27	14.2	15.1	11.4	13.6	+0.6	1.5	2.2
Januar	6	13.1	15.0	11.4	13.1	—0.1	1.8	1.8
	16	13.1	15.0	12.1	13.4	—0.3	1.6	1.3
	26	12.6	16.8	10.5	13.3	—0.7	3.5	2.8
Februar	5	12.1	16.8	9.0	12.6	—0.5	4.2	3.6
	15	12.2	16.6	12.9	13.9	—1.7	2.7	1.0
	25	11.3	16.5	6.7	11.5	—0.2	5.0	4.8
März	7	12.3	17.7	10.2	13.4	—1.1	4.3	3.2
	17	9.8	18.8	10.9	13.2	—3.3	5.6	2.3
	27	9.8	19.9	11.5	13.7	—3.9	6.2	2.2
April	6	8.4	21.5	11.1	13.6	—5.1	7.8	2.6
	16	8.8	20.3	12.6	13.9	—5.0	6.4	1.3
	26	8.0	18.8	11.0	12.6	—4.5	6.2	2.6
Mai	6	8.1	19.2	12.5	13.3	—5.1	5.9	1.8
	16	8.5	19.5	12.7	13.6	—5.0	5.9	0.9
	26	7.5	19.3	13.1	13.3	—5.8	6.0	0.2
Juni	5	7.5	20.2	13.0	13.5	—6.1	6.6	0.5
	15	7.1	19.8	12.4	13.1	—6.0	6.7	0.7
	25	6.4	19.8	12.9	13.0	—6.6	6.8	0.1
Juli	5	6.6	19.3	11.4	12.4	—5.9	6.9	1.0
	15	5.0	20.6	12.3	13.0	—7.9	7.6	0.7
	25	6.5	21.5	11.6	13.1	—6.6	8.4	1.5
August	4	7.6	18.5	10.5	12.2	—4.6	6.2	1.7
	14	7.3	18.2	10.7	12.1	—4.8	6.2	1.4
	24	6.4	18.5	11.7	12.2	—5.8	+6.3	—1.5

Bevor der jährliche Gang für die zehntägigen Mittel, welche die Abweichung der Stunden- vom Tagesmittel darstellen, in eine Formel gebracht ist, sind daher als Störungen folgende Beobachtungen ausgeschlossen: 1882 Sept. 6 2ʰ pm, October 2 10ʰ pm, Oct. 5 10ʰ pm, Oct. 25 8ʰ am, Nov. 12 10ʰ pm, Nov. 20 8ʰ am, Nov. 13 2ʰ und 10ʰ pm, Nov. 17 2ʰ und 10ʰ pm, Nov. 21 10ʰ pm, December 16 10ʰ pm, 1883 März 8 10ʰ pm, April 3 2ʰ pm, April 24 10ʰ pm. Zu jeder dieser angegebenen Zeiten ist die Deklination um mehr als 10′ verschieden von dem zehntägigen Mittelwerth des betreffenden Stundenmittels. Die neuen zehntägigen Mittel, welche für die Abweichung der Stundenmittel vom Tagesmittel sich ergeben, nachdem die Störungen ausgeschlossen waren, sind in der folgenden Tabelle enthalten. Dieselbe stellt auch gleichzeitig die Werthe dar, welche rückwärts aus

Zehntägige Mittel der C. Deklination zu Pawlowsk.
Abweichung vom Tagesmittel.

1882/83.		8ʰ 22ᵐ am beob.	ber.	2ʰ 22ᵐ pm beob.	ber.	10ʰ 22ᵐ pm beob.
August	19	+5′3	+5′4	−6′2	−6′8	+1′4
	29	+4.5	+4.8	6.4	6.5	1.8
September	8	+3.3	+4.1	4.9	6.0	1.7
	18	+3.6	+3.3	5.5	5.4	1.9
	28	+3.7	+2.8	4.7	4.7	1.1
October	8	+2.2	+2.2	5.1	4.4	2.9
	18	+2.2	+1.6	4.4	3.9	2.2
	28	−0.4	+1.1	3.4	3.4	2.8
November	7	+1.4	+0.7	3.1	2.9	2.7
	17	+0.6	+0.3	1.8	2.4	1.2
	27	+0.3	0.0	2.6	2.0	2.3
December	7	+0.2	−0.2	1.9	1.6	1.8
	17	−1.4	−0.3	1.5	1.5	2.8
	27	−0.6	−0.4	1.5	1.5	2.2
Januar	6	+0.1	−0.3	1.8	1.7	1.8
	16	+0.3	−0.2	1.6	2.2	1.3
	26	+0.7	+0.2	3.5	2.8	2.8
Februar	5	+0.5	+0.6	4.2	3.5	3.6
	15	+1.7	+1.2	2.7	4.2	1.0
	25	+0.2	+1.6	5.0	4.8	4.8
März	7	+1.5	+2.4	3.9	5.4	2.4
	17	+3.3	+3.0	5.6	5.7	2.3
	27	+3.9	+3.5	6.2	5.9	2.2
April	6	+4.5	+4.0	6.4	5.9	1.8
	16	+5.0	+4.5	6.4	5.9	1.3
	26	+5.0	+4.8	5.8	5.8	0.7
Mai	6	+5.1	+5.2	5.9	5.8	1.8
	16	+5.0	+5.5	5.9	5.9	0.9
	26	+5.8	+5.9	6.0	6.0	0.2

1882/83.		8ʰ 22ᵐ am beob.	ber.	2ʰ 22ᵐ pm beob.	ber.	10ʰ 22ᵐ pm beob.
Juni	5	+6.1	+6.0	6.6	6.3	0.5
	15	+6.0	+6.2	6.7	6.6	0.7
	25	+6.6	+6.4	6.8	6.9	0.1
Juli	5	+5.9	+6.5	6.9	7.2	1.0
	15	+7.9	+6.4	7.6	7.3	0.7
	25	+6.6	+6.2	8.4	7.3	1.5
August	4	+4.6	+5.8	−6.2	−7.1	+1.7

den Formeln für die Abweichung um 8ʰ 22ᵐ am und diejenige um 2ʰ 22ᵐ pm berechnet sind. Für die Abweichung, welche die Beobachtungsstunde des Abends aufweist, ist keine Formel abgeleitet, da hier keine jährliche Periode zu erkennen ist.

Die Formel für die Abweichung der C. Deklination um 8ʰ 22ᵐ am vom Tagesmittel lautet

$$3'089 + 2'016 \cos s - 2'726 \sin s$$
$$+ 0.179 \cos 2s + 0.045 \sin 2s$$
$$+ 0.069 \cos 3s - 0.146 \sin 3s$$

oder

$$3'089 + 3'390 \sin(143°515 + s)$$
$$+ 0.185 \sin(75.889 + 2s)$$
$$+ 1.161 \sin(154.705 + 3s)$$

die für die Abweichung um 2ʰ 22ᵐ pm

$$-\begin{Bmatrix} 4'806 + 1'406 \cos s - 2'048 \sin s \\ + 0.688 \cos 2s + 0.502 \sin 2s \\ - 0.076 \cos 3s - 0.320 \sin 3s \end{Bmatrix}$$

oder

$$-\begin{Bmatrix} 4'806 + 2'484 \sin(145°530 + s) \\ + 0.852 \sin(53.884 + 2s) \\ + 0.329 \sin(193.360 + 3s) \end{Bmatrix}$$

Die mittlere Abweichung der beobachteten Grössen von den berechneten beträgt bei der ersten Formel 0'652, bei der zweiten 0'577.

Bevor wir auf eine nähere Discussion dieser Formeln eingehen, betrachten wir noch die Variationen der Deklination, wie sie beobachtet sind von Anfang October 1882 bis Ende August 1883 auf der französischen Station am Kap Horn. Das Observatorium derselben befand sich unter 55° 31' 24" südlicher Breite. Der Zeitunterschied gegen Göttingen beträgt 5ʰ 12ᵐ. Für die drei erdmagnetischen Componenten sind die Variationen von Stunde zu Stunde für alle Tage der Beobachtungszeit mitgetheilt[1]), wie sie aus den Auf-

---
[1]) Mission scientifique du Cap Horn 1882—1883. Tome III. Premier fascicule. Magnétisme Terrestre par F.-O. Cannellier. Paris 1886.

zeichnungen der Registrir-Apparate sich ergaben. Von den vierundzwanzig stündlichen Werthen der Deklination jedes Tages wählen wir für unseren Zweck die drei aus, welche für $7^h 50^m$ am, $0^h 50^m$ pm und $9^h 50^m$ pm (Ortszeit) Geltung haben. Die folgende Tabelle enthält die zehntägigen Mittelwerthe dieser Grössen.

Zehntägige Mittel der C. Deklination zu Kap Horn.

1882/83.	Stundenmittel. $20°\,0'0\,+$			Tagesmittel.	Abweichung vom Tagesmittel. $0'\,0'0\,+$		
	$7^h 50^m$ am	$0^h 50^m$ pm	$9^h 50^m$ pm		$7^h 50^m$ am	$0^h 50^m$ pm	$9^h 50^m$ pm
October 8	+12'1	+17'9	+12'4	+14'2	—2'0	+3.8	—1'7
18	9.5	16.0	11.2	12.2	—2.5	3.8	—1.0
28	9.6	16.1	11.4	12.4	—2.8	3.8	—1.0
November 7	8.7	15.2	11.3	11.7	—3.0	3.5	—0.5
17	14.4	20.9	11.8	15.7	—1.3	5.2	—3.9
27	8.8	16.1	11.5	12.1	—3.3	3.9	—0.6
December 7	9.3	15.8	11.7	12.3	—3.0	3.5	—0.5
17	10.5	16.8	11.9	13.1	—2.6	3.7	—1.2
27	10.5	17.6	12.2	13.4	—2.9	4.2	—1.2
Januar 6	9.4	17.0	12.0	12.8	—3.4	4.2	—0.8
16	9.6	14.7	11.5	11.9	—2.3	2.8	—0.4
26	8.7	14.8	11.7	11.4	—2.7	3.4	+0.3
Februar 5	9.9	15.8	11.7	12.5	—2.6	3.4	—0.8
15	8.2	14.5	11.6	11.4	—3.2	3.0	—0.1
25	10.5	15.8	11.0	12.4	—1.9	3.4	+1.5
März 7	8.6	14.0	10.8	11.2	—2.5	2.9	—0.4
17	8.6	12.8	10.4	10.6	—2.0	2.2	—0.2
27	9.4	14.9	9.5	11.3	—1.8	3.6	—1.8
April 6	9.1	14.0	10.5	11.2	—2.1	2.8	—0.7
16	8.8	13.4	9.8	10.7	—1.9	2.7	—0.9
26	9.8	13.0	9.8	10.9	—1.0	2.1	—1.1
Mai 6	9.3	12.0	9.1	10.1	—0.8	1.9	—1.0
16	9.6	11.1	8.7	9.8	—0.2	1.3	—1.1
26	9.7	10.7	9.0	9.8	—0.1	0.9	—0.8
Juni 5	8.8	10.5	8.6	9.3	—0.5	1.2	—0.7
15	9.5	10.6	9.0	9.7	—0.2	0.9	—0.7
25	10.0	10.7	8.5	9.7	+0.3	1.0	—1.2
Juli 5	9.1	10.1	7.9	9.0	+0.1	1.0	—1.1
15	9.3	10.9	8.8	9.6	—0.4	1.2	—0.3
25	9.4	10.8	9.1	9.8	—0.4	1.0	—0.6
August 4	8.8	10.9	8.0	9.2	—0.4	1.6	—1.2
14	7.5	10.2	7.8	8.5	—1.0	1.7	—0.7
24	7.6	10.2	8.0	8.6	—1.0	+1.6	—0.6

Als Störungstage sind ausgeschieden 1882 Nov. 17. 18 und 20. Da aber die Beobachtungen nur den Zeitraum von elf Monaten umfassen, so mussten zur Vervollständigung der jährlichen Periode der Abweichungen für die Dekaden des fehlenden Monats September die Mittelwerthe durch Interpolation hergeleitet werden. In der folgenden Tabelle, welche die der Berechnung der Formeln zu Grunde gelegten Grössen enthält und die aus ihnen rückwärts berechneten, sind die interpolirten Werthe zur Unterscheidung von den beobachteten mit * gekennzeichnet.

Zehntägige Mittel der C. Deklination zu Kap Horn.

Abweichung vom Tagesmittel.

1882/83.		$7^h 50^m$ am		$0^h 50^m$ pm		$9^h 50^m$ pm
		beob.	ber.	beob.	ber.	beob.
August	9	—1.0	—1.0	+1.7	+1.8	—0.7
	19	—1.4*	—1.4	2.1*	2.3	—
September	8	—1.8*	—1.7	2.5*	2.6	—
	18	—2.1*	—2.0	3.0*	2.9	—
	28	—2.5	—2.2	3.4*	3.2	—2.5
October	8	—2.0	—2.4	3.8	3.5	—1.7
	18	—2.5	—2.6	3.8	3.7	—1.0
	28	—2.8	—2.7	3.8	3.7	—1.0
November	7	—3.0	—2.8	3.5	4.0	—0.5
	17	—2.7	—2.9	4.7	4.0	—2.0
	27	—3.3	—2.9	3.9	4.1	—0.6
December	7	—3.0	—3.0	3.5	4.0	—0.5
	17	—2.6	—2.9	3.8	3.9	—1.2
	27	—2.9	—2.9	4.1	3.8	—1.2
Januar	6	—3.4	—2.9	4.2	3.6	—0.8
	16	—2.3	—2.8	2.8	3.4	—0.4
	26	—2.7	—2.7	3.4	3.3	+0.3
Februar	5	—2.6	—2.6	3.4	3.2	—0.8
	15	—3.2	—2.6	3.0	3.1	+0.2
	25	—1.9	—2.5	3.4	3.1	—1.5
März	7	—2.5	—2.3	2.9	3.0	—0.4
	17	—2.0	—2.2	2.2	3.0	—0.1
	27	—1.8	—2.0	3.6	2.9	—1.8
April	6	—2.1	—1.8	2.8	2.8	—0.7
	16	—1.9	—1.5	2.8	2.5	—0.9
	26	—1.0	—1.2	2.1	2.3	—1.1
Mai	6	—0.8	—0.9	1.9	1.9	—1.0
	16	—0.2	—0.6	1.3	1.5	—1.1
	26	—0.1	—0.3	0.9	1.1	—0.8

Abweichung vom Tagesmittel.

1882/83.		7^h 50^m am beob.	ber.	0^h 50^m pm beob.	ber.	9^h 50^m pm beob.
Juni	5	−0.5	−0.1	1.2	1.0	−0.7
	15	−0.2	0.0	0.9	0.7	−0.7
	25	+0.3	0.0	1.0	0.8	−1.3
Juli	5	+0.1	0.0	1.0	0.8	−1.2
	15	−0.4	−0.2	1.2	1.0	−0.9
	25	−0.4	−0.4	1.0	1.3	−0.6
August	4	−0.4	−0.7	+1.7	+1.6	−1.2

Für die Abweichung, welche die Deklination um 9^h 50^m pm von ihrem Tagesmittel aufweist, ist keine Formel aufgestellt. Die jährliche Periode für die Abweichung um 7$_h$ 50^m am wird dargestellt durch die Formel

$$-\left\{\begin{array}{l}1\text{'}767 - 0\text{'}822\cos s\ + 1\text{'}181\sin s\\ + 0.027\cos 2s + 0.341\sin 2s\\ + 0.061\cos 3s - 0.004\sin 3s\end{array}\right\}$$

oder

$$-\left\{\begin{array}{l}= 1\text{'}767 + 1\text{'}439\sin(325°161 + s)\\ + 0.342\sin(\ \ 4.527 + 2s)\\ + 0.061\sin(\ 93.753 + 3s)\end{array}\right\}$$

die entsprechende für die Abweichung um 0^h 50^m lautet

$$2\text{'}675 - 0\text{'}718\cos s\ + 1\text{'}227\sin s$$
$$- 0.137\cos 2s + 0.429\sin 2s$$
$$+ 0.133\cos 3s - 0.026\sin 3s$$

oder

$$2\text{'}675 + 1\text{'}422\sin(329°665 + s)$$
$$+ 0.450\sin(342.289 + 2s)$$
$$+ 0.136\sin(101.061 + 3s)$$

Bei der ersteren beträgt die mittlere Abweichung der beobachteten von den berechneten Werthen 0′281, bei der letzteren 0′329.

Eine Vergleichung aller Curven, welche die Abweichung der Deklination am Morgen und Mittag von ihrem Tagesmittel darstellen, zeigt soviel Uebereinstimmung, wie man sie bei der kurzen Dauer der Beobachtungen, welche der Rechnung zu Grunde gelegt sind, nur erwarten kann. Für die Beobachtungsstationen der nördlichen Halbkugel liegt das Minimum bei allen Abweichungen im December — wenn man von den Vorzeichen derselben absieht —, für Kap Horn tritt dasselbe im Juni ein. Während des Sommers zeigen die Curven keinen so einfachen Verlauf und keine so gute Uebereinstimmung unter einander wie in der entgegengesetzten Jahreszeit. In dem Auftreten des Maximums, das häufig noch von einem secundaran begleitet ist, und in dem langsamen Aufsteigen der Curven zu diesen Werthen machen sich entschieden örtliche Unterschiede bemerkbar.

Sehen wir uns in der Natur nach einer Erscheinung um, deren jährliche Aenderung eine ähnliche Periode aufweist, wie die von uns betrachteten, so liegt es am nächsten, für die Häufigkeit der Sonnenflecke, deren Jahresmittel dieselbe elfjährige Periode wie das der täglichen Amplitude der Deklination besitzt, eine solche anzunehmen. Die Erfahrung bestätigt diese Annahme nicht ohne Weiteres. Selbst die Zusammenstellung der langjährigen Beobachtungen der Tagesamplitude der Deklination in Greenwich von 1841 bis 1877 und der entsprechenden Wolf'schen Relativzahlen für die Sonnenflecke, welche Mr. Ellis aufgestellt hat[1]) und die über die elfjährige Periode beider keinen Zweifel aufkommen lässt, giebt über eine ähnliche jährliche Periode beider Erscheinungen wenig Anhalt.

Die Aenderungen aber, welche die periodische Tagesamplitude der Lufttemperatur an verschiedenen Orten der Erde und zu verschiedenen Zeiten des Jahres aufweist, zeigen sehr viel Analoges mit den entsprechenden der Deklination und es sei hier darauf aufmerksam gemacht, ohne damit sogleich einen causalen Zusammenhang zwischen diesen beiden Erscheinungen constatiren zu wollen. Beide wachsen im Allgemeinen mit der Breite des Beobachtungsortes, auf der nördlichen Halbkugel mehr als auf der südlichen. Sie sind für die Aequatorgegenden am kleinsten. Der jährliche Gang der täglichen Temperaturamplitude an demselben Ort sei durch einige Beispiele dargestellt, die den meteorologischen Beobachtungen zu Göttingen[2]) und zu Wien entnommen.

	Göttingen	Wien
Januar	2°3	2°7
Februar	3.8	3.8
März	5.4	5.9
April	7.6	7.8
Mai	7.6	8.2
Juni	6.9	7.6
Juli	7.2	7.9
August	7.8	7.9
September	7.8	8.2
October	5.7	6.6
November	2.8	3.2
December	1.6	2.1

---

1) Philosophical Transactions of the R. S. Vol. 171. 1880.
2) Hugo Meyer, Ueber die Witterungsverhältnisse Göttingens. Göttinger Nachr. 1883 pag. 319.

Die Reihe für Göttingen giebt den Unterschied der Lufttemperatur um 6^h am und 1^h pm in 24jährigen Monatsmitteln (1857—81), die für Wien enthält zwanzigjährige Monatsmittel[1]).

Horizontal - Intensität.

Die Beobachtungen der Horizontal-Intensität sind ebenso bearbeitet wie die der Deklination. Es folgen hier zuerst die zehntägigen Mittel der Tagesmittel und der Abweichungen der Stundenmittel von dieser in Gauss' Einheit für Göttingen.

Zehntägige Mittel der Horizontal-Intensität zu Göttingen.

1882/83.		Tagesmittel 1.8000 +			Abweichung v. Tagesmittel 0.0000 +		
		8^h am	1^h pm	10^h pm	8^h am	1^h pm	10^h pm
August	9	641	643	644	− 7	− 8	+16
	19	651	651	651	−11	− 6	+17
September	8	651	651	650	− 7	− 9	+15
	18	637	636	636	− 8	− 6	+14
	28	619	619	617	− 6	−13	+19
October	8	610	610	611	−10	− 4	+14
	18	640	640	642	− 4	− 8	+11
	28	634	634	634	− 2	−11	+10
November	7	642	640	638	+ 1	− 7	+ 8
	17	591	597	592	−21	−10	+18
	27	624	624	625	0	− 8	+ 6
December	7	641	642	642	+ 5	− 6	+ 3
	17	642	641	641	+ 3	− 8	+ 5
	27	647	647	648	+ 5	− 7	+ 3
Januar	6	651	652	652	+ 1	− 4	+ 3
	16	649	649	649	+ 3	− 8	+ 5
	26	651	651	651	+ 6	− 5	− 2
Februar	5	645	645	645	+ 4	− 8	+ 4
	15	662	662	663	+ 9	−13	+ 4
	25	635	634	633	− 2	−12	+14
März	7	645	647	647	+ 2	−15	+14
	17	640	639	639	+ 3	−16	+13
	27	641	641	641	− 2	−10	+12
April	6	641	642	642	− 2	− 9	+12
	16	659	658	658	+ 1	−17	+15
	26	652	651	650	−10	− 2	+13

---

1) Julius Hann, Handbuch der Meteorologie. 1883 pag. 23.

		Tagesmittel 1.8000 +			Abweichung v. Tagesmittel 0.0000 +		
1881/83.		8^h am	1^h pm	10^h pm	8^h am	1^h pm	10^h pm
Mai	6	654	656	657	− 9	− 7	+16
	16	660	660	659	− 9	−10	+20
	26	652	651	653	−15	− 3	+17
Juni	5	655	656	656	−14	− 4	+17
	15	659	659	658	−14	− 4	+18
	25	643	643	644	−13	−10	+21
Juli	5	638	638	638	−19	− 3	+18
	15	622	621	619	− 7	− 2	+11
	25	629	636	638	−13	− 8	+18
August	4	633	635	636	− 8	− 7	+16
	14	648	649	648	−14	− 1	+17

Aperiodische Störungen machen sich in diesen Mittelwerthen noch mehr bemerkbar als bei denen der Deklination. Um diese Ungleichmässigkeiten fortzuschaffen sind folgende Beobachtungen, da sie grosse Störungen enthalten, ausgeschieden: 1882 October 2 10^h pm, October 8 1^h pm; Februar 25 am, Februar 27 10^h pm, Februar 28 1^h pm, Mai 21 1^h pm und 10^h pm, Juli 18 1^h und 10^h pm, Juli 21 8^h am und 1^h pm, Juli 30 10^h pm, Aug. 6 1^h pm. Ferner ist die ganze Dekade von 1882 November 13 bis 22, die sehr grosse und aussergewöhnliche Störungen enthält, nicht berücksichtigt. An ihre Stelle tritt der Mittelwerth aus den benachbarten Dekaden.

Von den neuen Mittelwerthen, welche die Störungen nicht mehr enthalten, bilden die Reihen für die Abweichung am Morgen und Abend augenscheinlich eine jährliche Periode. Weniger scheint dieses der Fall zu sein für die Abweichung um 1^h pm, deren Reihe keine solche Regelmässigkeit aufweist. Nehmen wir an, der tägliche Gang der Horizontal-Intensität in Göttingen sei hinreichend dargestellt durch den Gang der arithmetischen Mittel, welche aus entsprechenden Stundenmitteln aller Termine des Jahres 1882/83 genommen sind, (cf. l. c. pag. 42 und 43), so folgt, dass der Stand der Hor.-Int. um 8^h am im Mittel nur um 5.5 $(mgr)^{\frac{1}{2}} (mm)^{-\frac{1}{2}} (sec)^{-1} \times 10^{-4}$ grösser ist als das tägliche Minimum dieser Componente, welches um 10^h am eintritt. Der Stand um 10^h pm unterscheidet sich noch um eine geringere Grösse, nämlich um 2.6 $(mgr)^{\frac{1}{2}} (mm)^{-\frac{1}{2}} (sec)^{-1} \times 10^{-4}$ von dem täglichen Maximum, welches auf 6^h pm fällt. Dagegen stimmt der Stand um 1^h pm ziemlich mit dem Tagesmittel überein, er ist um 4.3 derselben Einheit kleiner als jenes. Es tritt also hier bei der Horizontal-Intensität derselbe Umstand hervor wie früher bei der Deklination, wo auch die aperiodischen Störungen den jährlichen Gang der Abweichung vom Tagesmittel verdeckten, wenn diese klein war. Diese mussen sich überhaupt bei der Horizontal-Intensität noch mehr geltend machen als bei der Deklination. Denn erstens ist jene nicht so lange wie diese während einer Tageszeit beobachtet, alsdann aber finden bei dieser die Störungen meistens um die Gleichgewichts-lage statt, während sie bei jener hauptsächlich nach einer Seite, der negativen, auftreten.

Die folgende Tabelle stellt die Werthe für die Abweichung der Horizontal-Intensität vom Tagesmittel für 8^h am, 1^h pm und 10^h pm dar, einmal die, welche der Berechnung der Formeln zu Grunde gelegt sind und dann auch diejenigen, welche rückwärts aus denselben berechnet sind. Als Einheit der Intensität gilt dabei $(mgr)^{\frac{1}{2}} (mm)^{-\frac{1}{2}} (sec)^{-1}. 10^{-4}$. Die Formeln selbst lauten:

Abweichung um 8^h am

$$= -\begin{Bmatrix} 4.53 + 8.39 \cos x & -5.41 \sin x \\ -0.81 \cos 2x & -1.84 \sin 2x \\ -0.32 \cos 3x & -0.10 \sin 3x \end{Bmatrix}$$

oder

$$-\begin{Bmatrix} 4.53 + 9.98 \sin (122°815 + x\ ) \\ + 1.57 \sin (211.152 + 2x) \\ + 0.34 \sin (252.644 + 3x) \end{Bmatrix}$$

Abweichung um 1^h pm

$$= -\begin{Bmatrix} 7.56 - 2.18 \cos x & -0.10 \sin x \\ + 1.93 \cos 2x & + 1.53 \sin 2x \\ + 0.52 \cos 3x & -1.77 \sin 3x \end{Bmatrix}$$

oder

$$-\begin{Bmatrix} 7.56 + 2.18 \sin (267°374 + x\ ) \\ + 2.46 \sin (\ 51.594 + 2x) \\ + 1.84 \sin (163.628 + 3x) \end{Bmatrix}$$

Abweichung um 10^h pm

$$\begin{aligned} & 11.78 + 5.28 \cos x\ -5.41 \sin x \\ & -0.35 \cos 2x - 0.04 \sin 2x \\ & -0.25 \cos 3x - 0.59 \sin 3x \end{aligned}$$

oder

$$\begin{aligned} & 11.78 + 7.56 \sin (135°697 + x\ ) \\ & + 0.35 \sin (263.480 + 2x) \\ & + 0.64 \sin (202.964 + 3x) \end{aligned}$$

Die mittlere Abweichung der berechneten Werthe von den beobachteten beträgt bei den einzelnen 2.31, resp. 2.60, resp. 2.24.

Zehntägige Mittel der Horizontal-Intensität zu Göttingen.

Abweichung vom Tagesmittel.

1882/83		8ʰ am beob.	ber.	1ʰ pm beob.	ber.	10ʰ pm beob.	ber.
August	19	−11	−12	− 5	− 9	+17	+17
	29	−11	−10	− 6	− 7	+17	+15
September	8	− 7	− 9	− 9	− 6	+15	+14
	18	− 8	− 7	− 6	− 5	+14	+13
	28	− 5	− 6	− 6	− 5	+10	+12
October	8	− 9	− 5	− 4	− 6	+11	+11
	18	− 4	− 3	− 8	− 6	+11	+10
	28	− 2	− 2	−11	− 7	+10	+ 9
November	7	+ 1	− 1	− 7	− 7	+ 8	+ 8
	17	0	0	− 8	− 7	+ 8	+ 7
	27	0	+ 1	− 8	− 7	+ 6	+ 6
December	7	+ 5	+ 2	− 6	− 7	+ 3	+ 5
	17	+ 3	+ 3	− 8	− 7	+ 5	+ 4
	27	+ 5	+ 4	− 7	− 7	+ 3	+ 4
Januar	6	+ 1	+ 4	− 4	− 7	+ 3	+ 4
	16	+ 2	+ 5	− 8	− 7	+ 5	+ 4
	26	+ 7	+ 5	− 5	− 8	− 2	+ 4
Februar	5	+ 4	+ 5	− 8	−10	+ 4	+ 5
	15	+ 9	+ 4	−13	−11	+ 4	+ 6
	25	+ 1	+ 4	−10	−12	+ 7	+ 8
März	7	+ 2	+ 3	−15	−13	+14	+ 9
	17	+ 3	+ 2	−16	−14	+13	+10
	27	− 2	0	−10	−13	+11	+12
April	6	− 2	− 2	− 9	−12	+12	+13
	16	+ 1	− 4	−17	−10	+15	+14
	26	−10	− 6	− 3	− 7	+13	+15
Mai	6	− 9	− 8	− 7	− 6	+16	+16
	16	− 9	−11	− 6	− 4	+16	+17
	26	−15	−12	− 3	− 3	+17	+18
Juni	5	−14	−14	− 4	− 3	+17	+19
	15	−14	−15	− 4	− 4	+19	+20
	25	−13	−16	−10	− 5	+21	+20
Juli	5	−19	−16	− 3	− 6	+18	+20
	15	−18	−15	− 2	− 7	+13	+19
	25	−11	−15	− 8	− 8	+22	+19
August	4	−14	−13	− 8	− 8	+14	+18

Zur Vergleichung sind auch die Beobachtungen der Horizontal-Intensität in Pawlowsk herangezogen. Dieselben sind dort an zwei Instrumenten angestellt. Es sind für unseren Zweck diejenigen ausgewählt, welche das Bifilar von Edelmann ergeben hat. Es folgt hier zunächst die Tabelle der zehntägigen Mittelwerthe für die Stundenmittel und die Abweichungen derselben von dem Tagesmittel.

Zehntägige Mittel der Horizontal-Intensität zu Pawlowsk.

1882/83.	Stundenmittel. 1.6000 +			Tagesm.	Abweichung v. Tagesmittel. 0.0000 +		
	$8^h 22^m$ am	$2^h 22^m$ pm	$10^h 22^m$ pm		$8^h 22^m$ am	$2^h 22^m$ pm	$10^h 22^m$ pm
September 8	+374	+375	+397	+382	— 8	— 7	+15
18	374	377	394	382	— 8	— 5	+12
28	359	364	376	366	— 7	— 2	+10
October 8	346	362	365	358	—12	+ 4	+ 7
18	367	370	378	372	— 5	— 2	+ 6
28	358	360	378	365	— 7	— 5	+13
November 7	371	371	375	372	— 1	— 1	+ 3
17	297	397	310	335	—38	+42	—25
27	365	358	369	364	+ 1	— 6	+ 5
December 7	374	371	377	374	0	— 3	+ 3
17	366	367	369	367	— 1	0	+ 2
27	373	365	384	374	— 1	— 9	+10
Januar 6	372	376	374	374	— 2	+ 2	0
16	377	377	379	378	— 1	— 1	+ 1
26	380	371	382	378	+ 2	— 7	+ 4
Februar 5	375	372	380	376	— 1	— 4	+ 4
15	389	374	390	384	+ 5	—10	+ 6
25	360	355	363	359	+ 1	— 4	+ 4
März 7	380	367	386	378	+ 2	—13	+ 8
17	370	368	386	375	— 5	— 7	+11
27	368	368	393	376	— 8	— 8	+17
April 6	375	377	386	379	— 4	— 2	+ 7
16	378	375	399	384	— 6	— 9	+15
26	364	382	390	379	—15	+ 3	+11
Mai 6	380	384	404	389	— 9	— 5	+13
16	378	378	399	386	— 8	— 8	+13
26	365	381	395	380	—15	+ 1	+15
Juni 5	363	382	399	381	—18	+ 1	+18
15	365	388	407	387	—22	+ 1	+20
25	363	383	400	382	—19	+ 1	+18
Juli 5	371	381	398	383	—12	— 2	+15
15	364	377	391	377	—13	0	+14
25	368	387	391	382	—14	+ 5	+ 9
August 4	362	370	385	372	—10	— 2	+13
14	374	384	396	385	—11	— 1	+11
24	378	375	400	384	— 6	— 9	+16

Nachdem alsdann die Beobachtungen von 1882 October 22 10ʰ pm, November 12 10ʰ pm; 1883 Febr. 25 8ʰ am und 2ʰ pm, März 13 8ʰ am, März 26 10ʰ pm, April 3 10ʰ pm, Juni 18 8ʰ am, Juli 30 2ʰ am und 10ʰ pm, Juli 31 8ʰ am und Aug. 6 2ʰ pm und die ganze Dekade von Nov. 13 bis 22 als zu starke Störungen enthaltend ausgeschieden sind — jede dieser einzelnen Beobachtungen unterscheidet sich von dem betreffenden Dekadenmittel mindestens um ± 0.0050 — ergab eine neue Mittelbildung für die Abweichung am Morgen und Abend die Werthe, welche bei Aufstellung der Formel verwandt sind. Für die Abweichung um 2ʰ pm war auch die Reihe noch so wenig regelmässig, dass hier von einer Berechnung der Formel für die jährliche Periode Abstand genommen ist.

Zehntägige Mittel der Horizontal-Intensität zu Pawlowsk.

Abweichung vom Tagesmittel.

1882/83.		$8^h 22^m$ am beob.	ber.	$10^h 22^m$ pm beob.	ber.
August	19	+ 9	− 9	+12	+14
	29	− 6	− 8	12	13
September	8	− 8	− 8	15	12
	18	− 8	− 7	12	11
	28	− 7	− 7	10	10
October	8	− 12	− 7	7	9
	18	− 6	− 6	10	9
	28	− 7	− 6	13	8
November	7	− 3	− 4	7	8
	17	− 1	− 3	6	7
	27	+ 1	− 2	5	6
December	7	0	− 1	3	5
	17	− 1	0	2	4
	27	+ 1	+ 1	7	3
Januar	6	− 2	+ 1	0	2
	16	− 1	+ 2	1	2
	26	+ 2	+ 2	4	2
Februar	5	− 1	+ 2	+ 4	+ 2
	15	+ 5	+ 1	+ 6	3
	25	+ 4	0	− 1	5
März	7	+ 2	− 1	+ 8	7
	17	− 1	− 2	9	9
	27	− 6	− 4	12	11
April	6	− 4	− 6	13	12
	16	− 6	− 8	15	13
	26	−15	−10	11	14

1882/83.		$8^h\ 22^m$ am		$10^h\ 22^m$ pm	
		beob.	ber.	beob.	ber.
Mai	6	−9	−12	13	15
	16	−8	−14	13	15
	26	−15	−15	15	15
Juni	5	−18	−16	18	15
	15	−18	−17	18	15
	25	−19	−16	18	15
Juli	5	−12	−15	15	15
	15	−13	−13	14	15
	25	−14	−12	16	15
August	4	−8	−10	+10	+14

Die Formeln selbst lauten:

Abweichung um $8^h\ 22^m$ am

$$= -\begin{Bmatrix} 6.19 + 6.31\cos s - 4.83\sin s \\ -2.30\cos 2s - 1.07\sin 2s \\ -1.04\cos 3s + 0.27\sin 3s \end{Bmatrix}$$

oder

$$-\begin{Bmatrix} 6.19 + 7.95\sin(127°432 + s\ ) \\ +2.54\sin(245.064 + 2s) \\ +1.07\sin(284.554 + 3s) \end{Bmatrix}$$

Abweichung um $10^h\ 22^m$ pm

$$= \begin{matrix} 9.80 + 4.52\cos s - 4.58\sin s \\ -1.29\cos 2s + 0.80\sin 2s \\ +0.70\cos 3s - 0.43\sin 3s \end{matrix}$$

oder

$$9.80 + 6.43\sin(135°378 + s\ )$$
$$+1.52\sin(301.805 + 2s)$$
$$+0.82\sin(121.562 + 3s)$$

Die mittlere Abweichung zwischen den beobachteten und berechneten Werthen beträgt für die erste Formel 2.52, für die zweite 2.37.

Auch die Beobachtungen der Horizontal-Intensität zu Kap Horn sind zum Zweck der Vergleichung mit dem vorhergehenden einer Bearbeitung unterworfen. Doch zeigen hier die in der folgenden Tabelle enthaltenen Abweichungen vom Tagesmittel so wenig eine jährliche Periode, dass von weiterer Benutzung abgesehen ist.

Zehntägige Mittel der Horizontal-Intensität zu Kap Horn.

1882/83.		Stundenmittel. 2.8000 +			Tagesmittel.	Abweichung v. Tagesmittel. 0.0000 +		
		$7^h 50^m$ am	$0^h 50^m$ pm	$9^h 50^m$ pm		$7^h 50^m$ am	$0^h 50^m$ pm	$9^h 50^m$ pm
October	8	+525	+504	+542	+524	+ 1	—20	+19
	18	552	547	547	549	+ 4	— 1	— 2
	28	535	536	555	542	— 7	— 6	+13
November	7	536	546	557	546	—10	0	+10
	17							
	27	523	549	541	538	—15	+11	+ 4
December	7	523	527	535	528	— 5	— 1	+ 6
	17	526	535	545	535	— 9	— 1	+10
	27	528	533	540	534	— 6	— 1	+ 6
Januar	6	543	553	550	549	— 6	+ 4	+ 2
	16	546	546	546	546	0	— 0	0
	26	523	528	528	526	— 3	+ 2	+ 1
Februar	5	539	550	542	544	— 5	+ 7	— 2
	15	531	540	537	536	— 5	+ 4	+ 1
	25	506	494	516	505	+ 1	—11	+11
März	7	518	515	538	523	— 6	— 9	+14
	17	514	513	525	517	— 4	— 4	+ 8
	27	509	492	511	504	+ 5	—12	+ 7
April	6	528	505	526	520	+ 8	—15	+ 6
	16	534	518	535	529	+ 5	—11	+ 6
	26	531	527	523	527	+ 4	0	— 4
Mai	6	531	524	526	527	+ 4	— 3	— 1
	16	547	539	532	539	+ 8	0	— 8
	26	546	540	535	540	+ 6	0	— 5
Juni	5	533	521	523	526	+ 7	— 5	— 3
	15	543	531	535	537	+ 7	— 5	— 1
	25	548	541	534	541	+ 7	0	— 6
Juli	5	558	553	545	552	+ 6	+ 1	— 7
	15	558	545	544	549	+ 9	— 4	— 5
	25	561	549	561	557	+ 4	— 8	+ 4
August	4	563	546	550	553	+10	— 3	— 3
	14	563	545	561	556	+ 6	— 6	+ 5
	24	553	540	548	547	+ 6	— 7	+ 1

Die Curven, welche den Gang für die Abweichung der Horizontal-Intensität vom Tagesmittel darstellen, zeigen im Allgemeinen einen einfacheren Verlauf als die für die Deklination. Sie haben für den Sommer einen ähnlichen einfachen Gang wie für den Winter. An den Curven von Göttingen tritt dieser Umstand noch deutlicher zu Tage als an denjenigen von Pawlowsk. In wie weit dieses für andere Jahre als dasjenige, für welches hier Beobachtungen berechnet sind, der Fall ist, kann vorläufig nicht entschieden werden, da mir leider frühere langjährige Beobachtungen für Göttingen oder Pawlowsk nicht vorliegen. Die Bearbeitung der in Greenwich von 1841—77 angestellten täglichen Beobachtungen der Deklination und Horizontal-Intensität, welche von Mr. Ellis angeführt ist (cf. l. c.), ergiebt für die Tagesamplitude beider erdmagnetischen Componenten einen fast vollständig parallelen jährlichen Gang, welcher mit demjenigen übereinstimmt, der bei uns für die Abweichung der Deklination vom Tagesmittel auftritt.

Berichtigungen.

In den „Beobachtungen in Gauss' Erdmagnetischem Observatorium in Göttingen während der Polarexpeditionen 1882 und 1883" ist zu lesen für die Abweichung der Hor.-Int. vom Tagesmittel

1883 April 10 8^h am $- 4.8$ statt $+ 4.8$
April 11 8^h am $- 3.9$ statt $+ 3.9$
Mai 14 10^h pm $+14.4$ statt -14.4
Juli 26 8^h am $+ 3.2$ statt $- 3.2$

Inhalt.

Seite

6   In Göttingen ist die Nord-Ost-Deklination für 8^h am vermindert um das Tagesmittel
$$= 3\overset{'}{.}364 + 2\overset{'}{.}341 \sin(146°328 + s\,)$$
$$+ 0.679 \sin(\ 23.680 + 2s)$$
$$+ 0.193 \sin(\ 32.290 + 3s)$$

8   In Göttingen ist die Nord-Ost-Deklination für 1^h pm vermindert um das Tagesmittel
$$= -5\overset{'}{.}497 - 1\overset{'}{.}648 \sin(136°083 + s\,)$$
$$- 1.577 \sin(\ 11.260 + 2s)$$
$$- 0.121 \sin(\ 45.242 + 3s)$$

11   In Göttingen ist die Nord-Ost-Deklination für 8^h am vermindert um 1^h pm
$$= 8\overset{'}{.}861 + 3\overset{'}{.}979 \sin(140°331 + s\,)$$
$$+ 1\overset{'}{.}898 \sin(\ 15.041 + 2s)$$
$$+ 0.204 \sin(\ 64.997 + 3s)$$

14   In Breslau ist die Nord-Ost-Deklination für 8^h am vermindert um diejenige für 1^h pm
$$= 7\overset{'}{.}940 + 4\overset{'}{.}394 \sin(142°155 + s\,)$$
$$+ 1.084 \sin(\ 17.332 + 2s)$$
$$+ 1.021 \sin(\ 47.579 + 3s)$$

18   In Pawlowsk ist die Nord-Ost-Deklination für $8^h\ 22^m$ am vermindert um das Tagesmittel
$$= 3\overset{'}{.}089 + 3\overset{'}{.}390 \sin(143°515 + s\,)$$
$$+ 0.185 \sin(\ 75.889 + 2s)$$
$$+ 0.161 \sin(154.705 + 3s)$$

18   In Pawlowsk ist die Nord-Ost-Deklination für $2^h\ 22^m$ pm vermindert um das Tagesmittel
$$= -4\overset{'}{.}806 - 2\overset{'}{.}484 \sin(145°530 + s\,)$$
$$- 0.852 \sin(\ 53.884 + 2s)$$
$$- 0.329 \sin(193.360 + 3s)$$

21   Am Kap Horn ist die Nord-Ost-Deklination um $7^h\ 50^m$ am vermindert um das Tagesmittel
$$= -1\overset{'}{.}767 - 1\overset{'}{.}439 \sin(325°161 + s\,)$$
$$- 0.342 \sin(\ 4.527 + 2s)$$
$$- 0.061 \sin(\ 93.752 + 3s)$$

21   Am Kap Horn ist die Nord-Ost-Deklination um $0^h\ 50^m$ pm vermindert um das Tagesmittel
$$= 2\overset{'}{.}675 + 1\overset{'}{.}422 \sin(329°665 + s\,)$$
$$+ 0.450 \sin(342.289 + 2s)$$
$$+ 0.136 \sin(101.061 + 3s)$$

Seite		
25	In Göttingen ist die Horizontal-Intensität um 8^h am vermindert um das Tagesmittel	

$$= -4.53 - 9.98 \sin(122°815 + z)$$
$$- 1.57 \sin(211.452 + 2z)$$
$$- 0.34 \sin(252.644 + 3z)$$

25   In Göttingen ist die Horizontal-Intensität um 1^h pm vermindert um das Tagesmittel

$$= -7.56 - 2.18 \sin(267°374 + z)$$
$$- 2.46 \sin(51.594 + 2z)$$
$$- 1.84 \sin(163.628 + 3z)$$

25   In Göttingen ist die Horizontal-Intensität um 10^h pm vermindert um das Tagesmittel

$$= 11.78 + 7.56 \sin(135°697 + z)$$
$$+ 0.35 \sin(263.480 + 2z)$$
$$+ 0.64 \sin(202.964 + 3z)$$

29   In Pawlowsk ist die Horizontal-Intensität um $8^h\ 22^m$ am vermindert um das Tagesmittel

$$= -6.19 - 7.95 \sin(127°432 + z)$$
$$- 2.54 \sin(245.064 + 2z)$$
$$- 1.07 \sin(284.554 + 3z)$$

29   In Pawlowsk ist die Horizontal-Intensität um $10^h\ 22^m$ pm vermindert um das Tagesmittel

$$= 9.80 + 6.43 \sin(135°378 + z)$$
$$+ 1.52 \sin(301.805 + 2z)$$
$$+ 0.82 \sin(121.562 + 3z)$$

Es bedeutet z das Product der Anzahl der seit 1882 August 19 verflossenen Tage multiplicirt mit $360°/365$.

Als Einheit der Intensität gilt in diesen Formeln die vierte Decimal-Stelle der von Gauss eingeführten Maass-Einheit.

Vita.

Am 29. September 1860 bin ich als Sohn des verstorbenen Schlachtermeisters Holborn zu Göttingen geboren. Ich bin im lutherischen Glauben erzogen. Von Michaelis 1870 an besuchte ich die Realschule meiner Vaterstadt. Nachdem ich an derselben Michaelis 1879 die Maturitätsprüfung bestanden hatte, wandte ich mich dem Studium der Mathematik und Naturwissenschaften zu. Während meiner Studienzeit, die ich nur an der hiesigen Universität verbrachte, hörte ich die Vorlesungen der Herren Professoren Baumann, Ehlers, Gödecke, Henle, v. Koenen, Klein, Lotze, Riecke, E. Schering, K. Schering, Schwarz, Graf zu Solms, Stern und war während sechs Semester Mitglied des mathemetisch-physikalischen Seminars.

Allen genannten Herren bin ich für die mannichfache Förderung und Leitung meiner Studien zu warmen Danke verpflichtet.

Nachdem ich das Examen pro facultate docendi bestanden hatte, erhielt ich durch die gütige Verwendung des Herrn Professor Schering die Stelle eines Assistenten an der hiesigen Sternwarte.

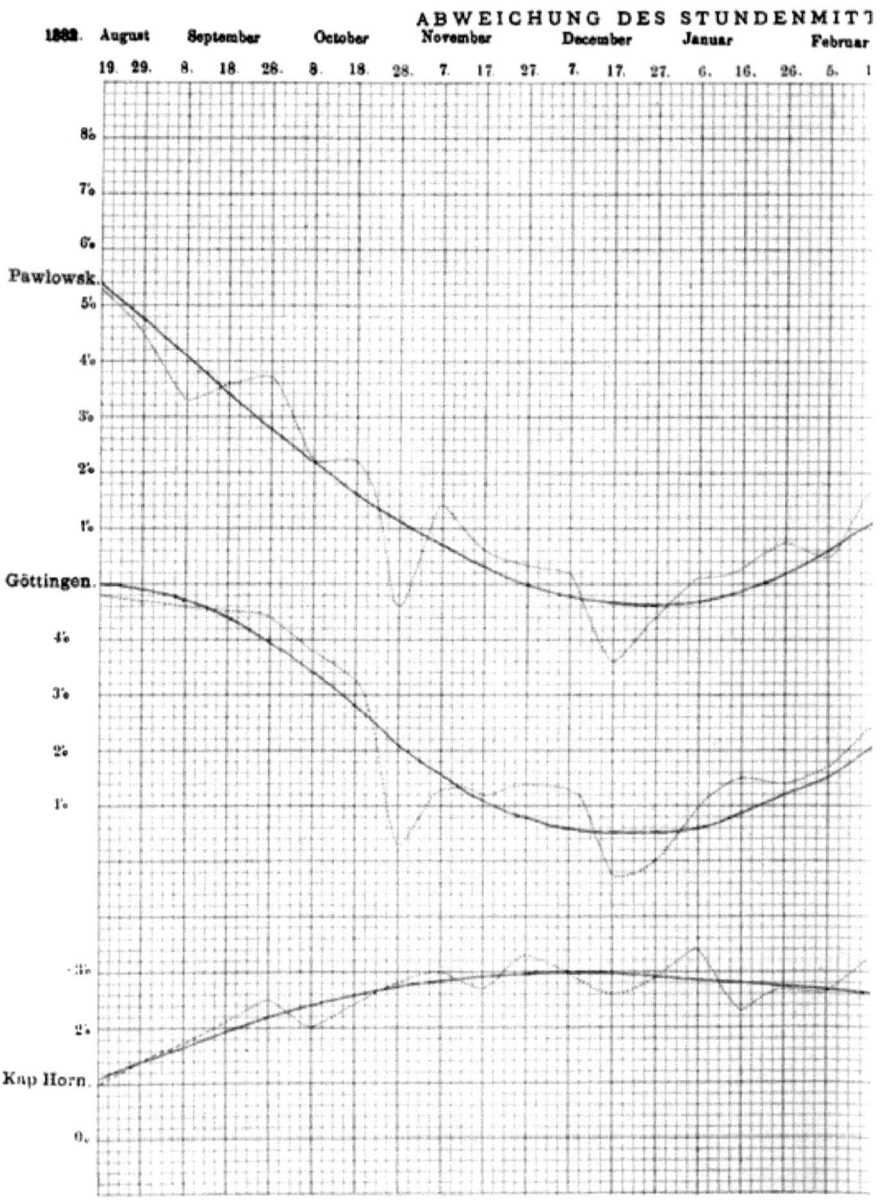

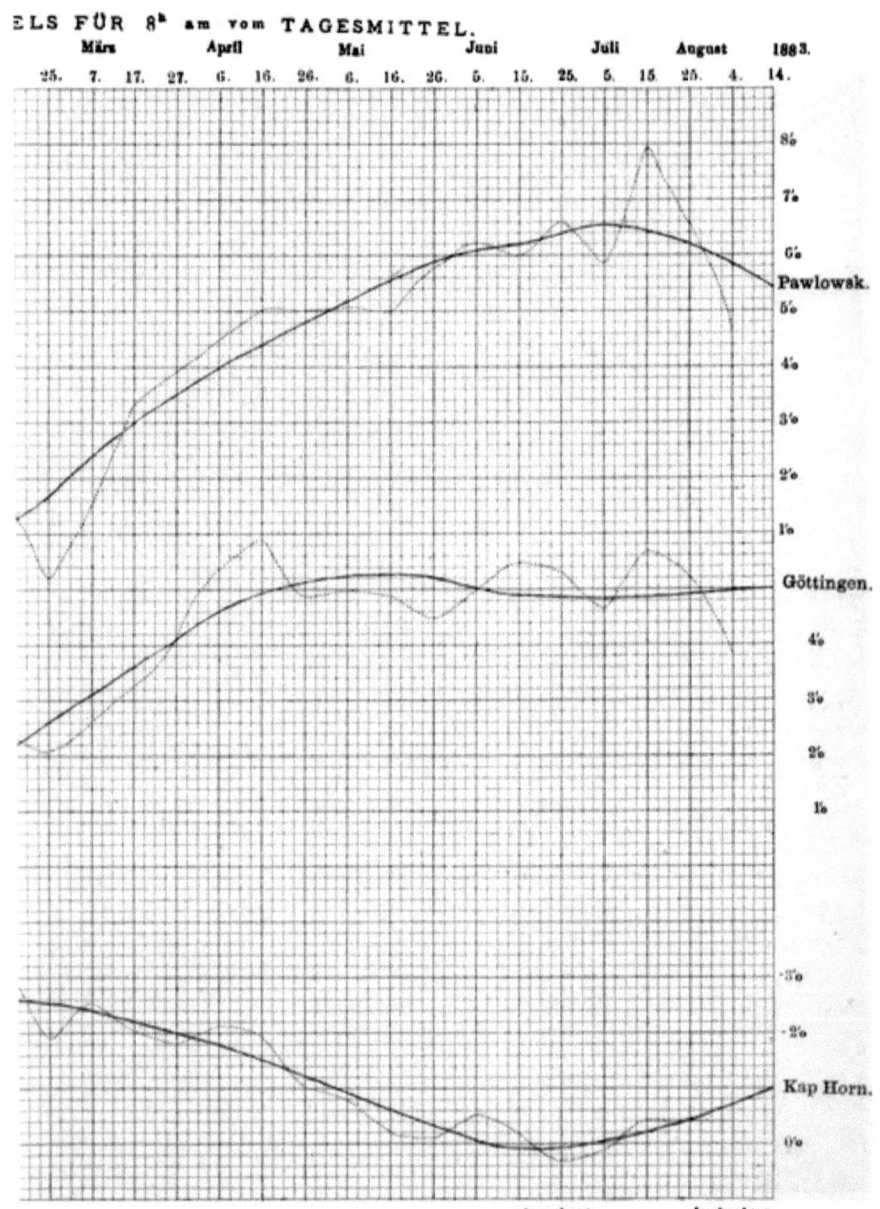

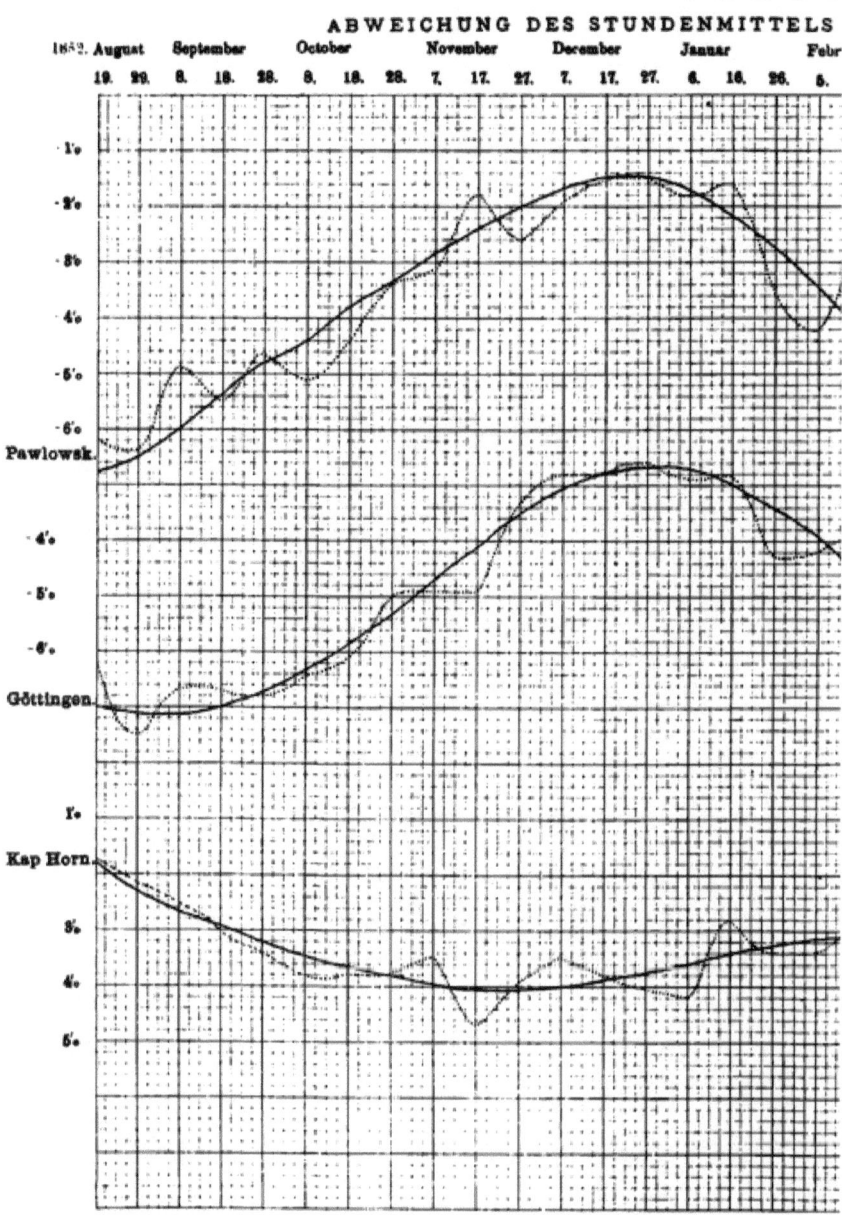

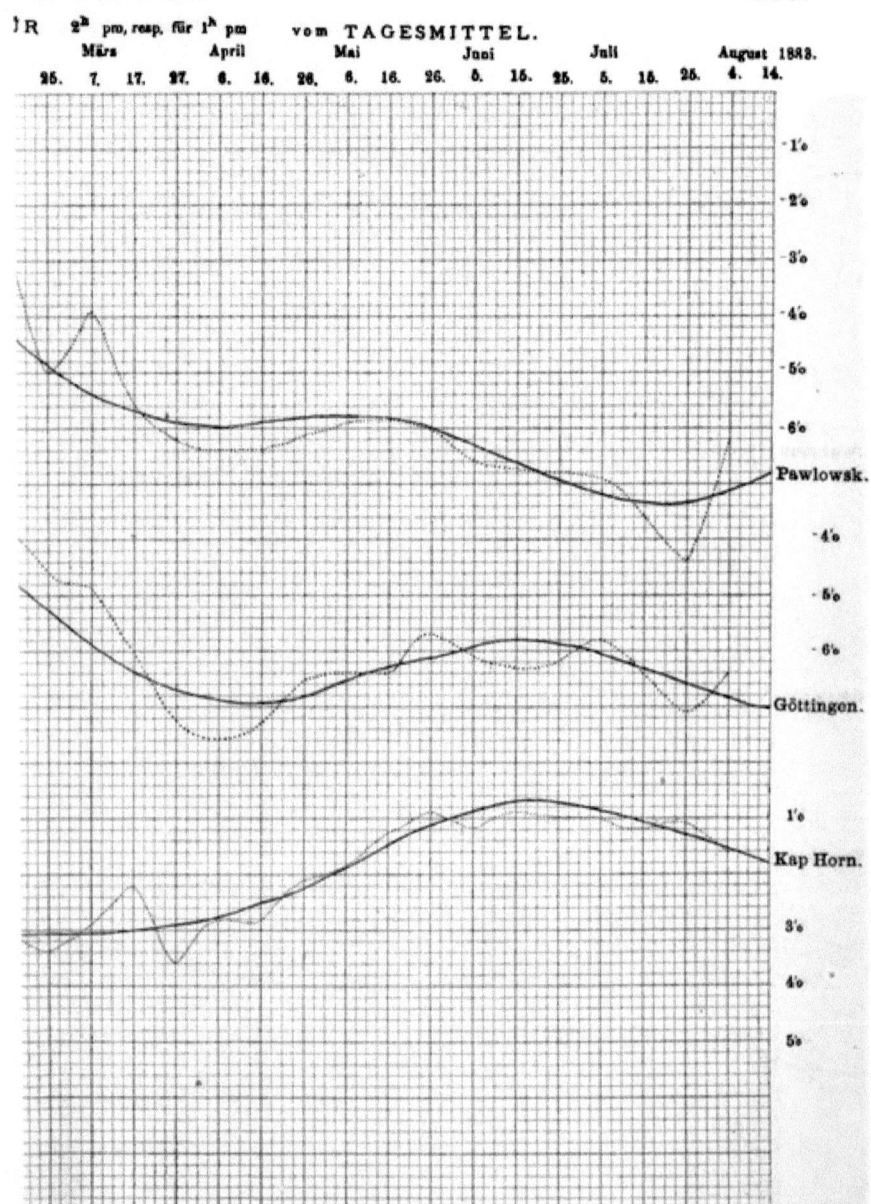

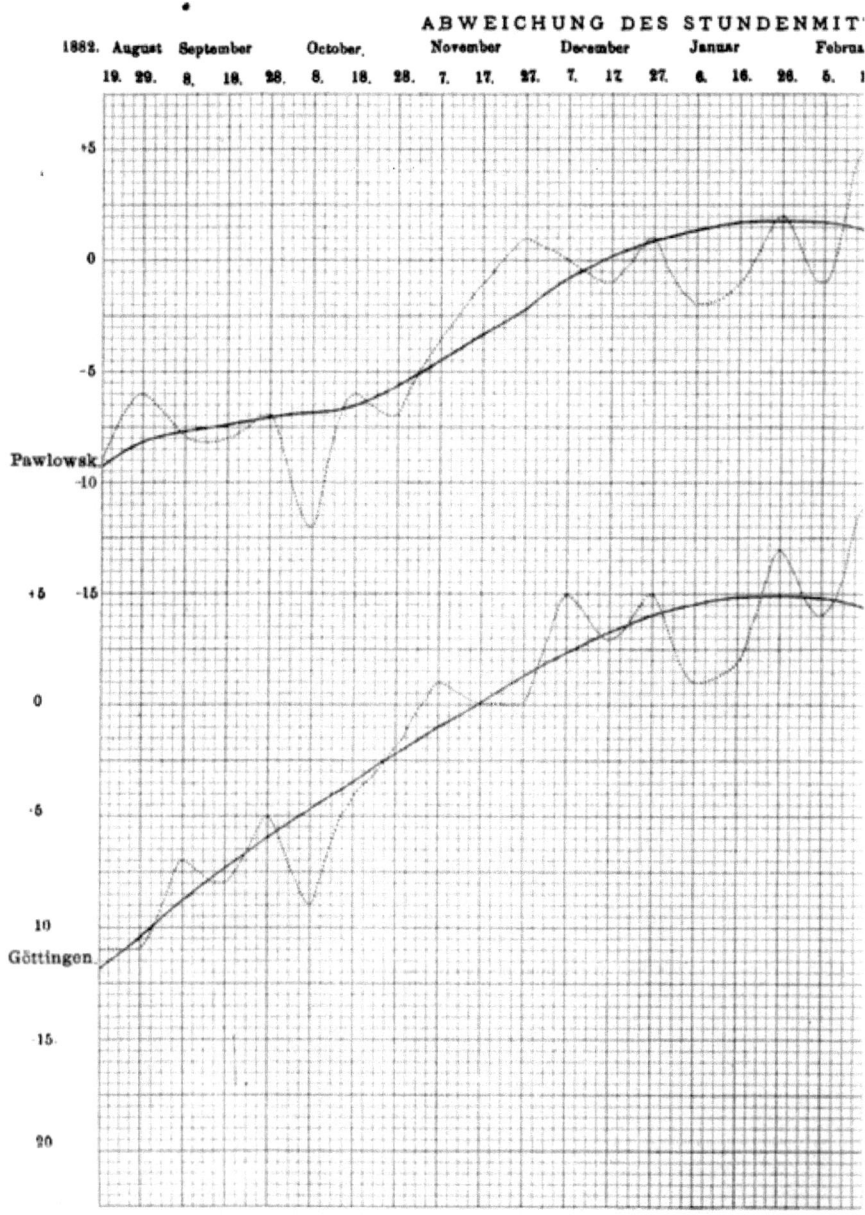

INTENSITÄT.

Tafel III.

ELS FÜR 8^h am vom TAGESMITTEL.

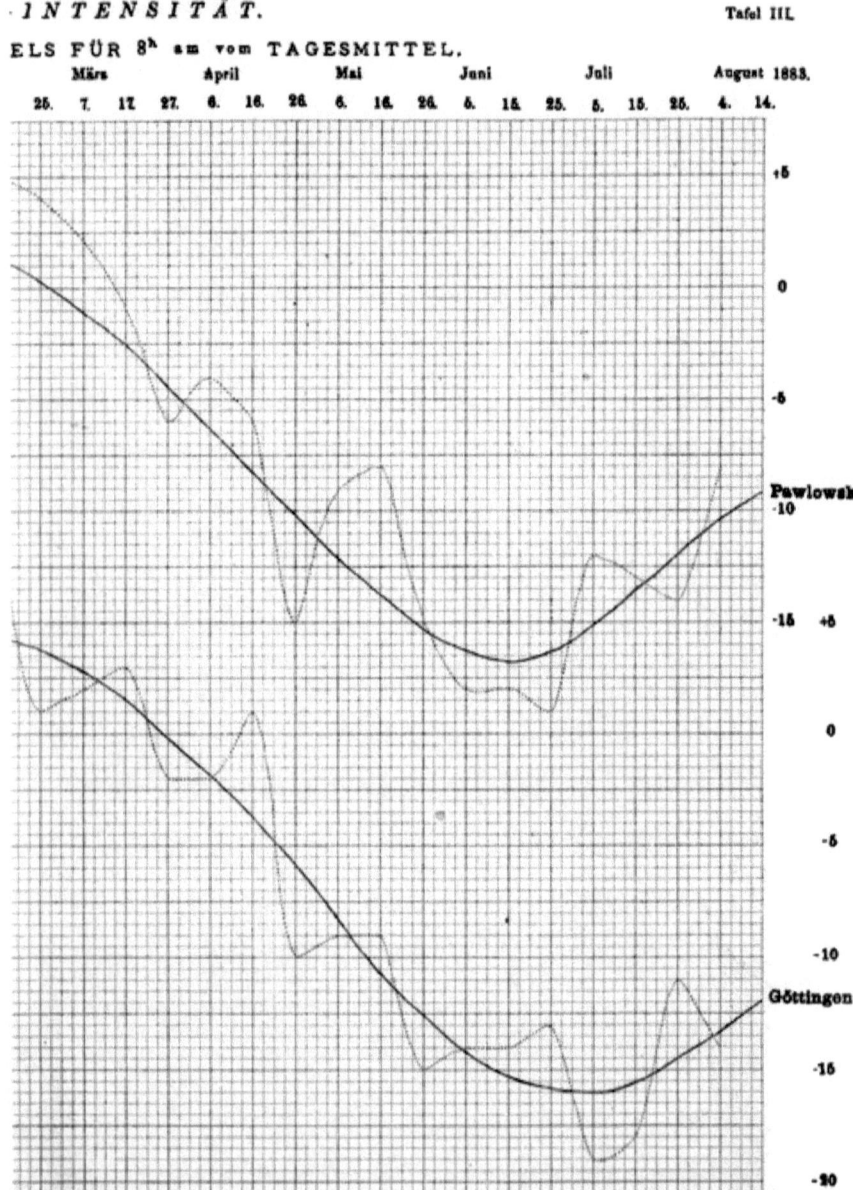

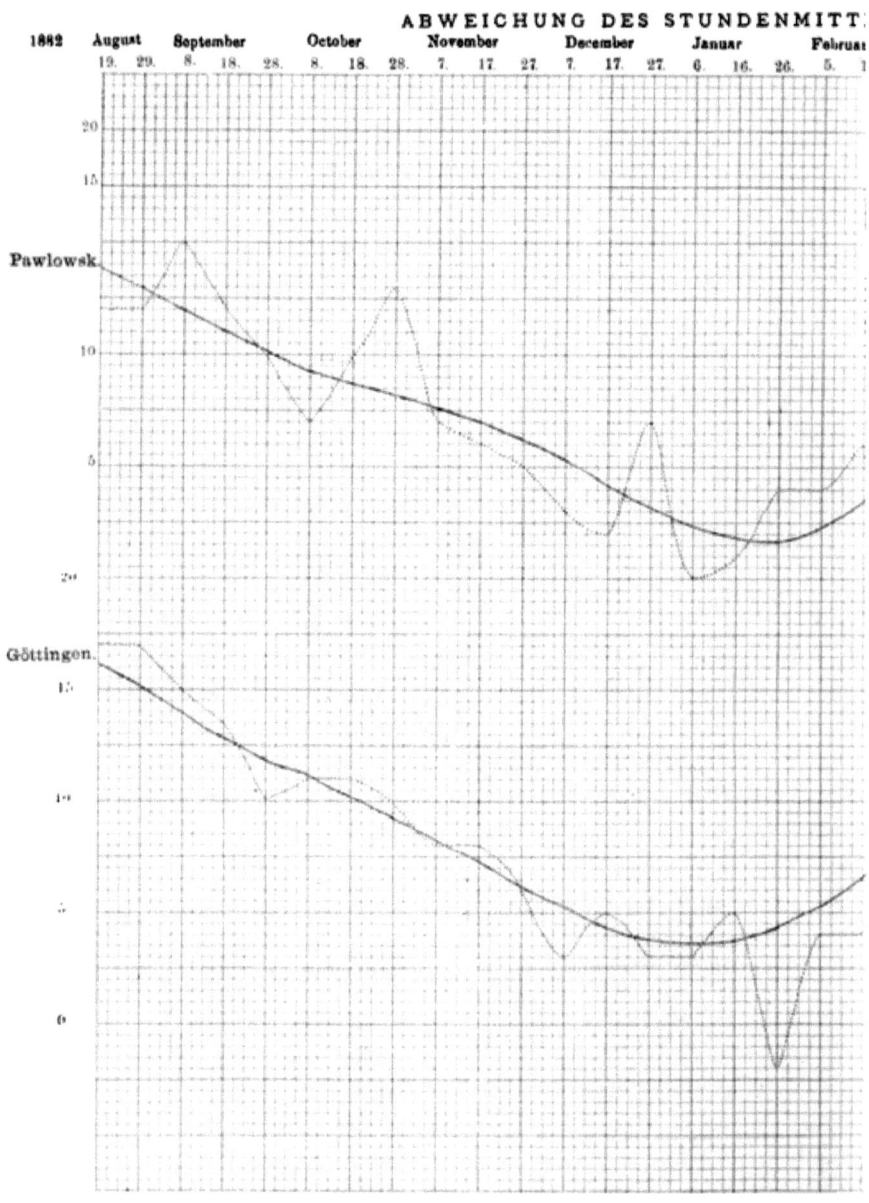

Tafel IV.

INTENSITÄT.

:LS FÜR 10^h pm vom TAGESMITTEL.

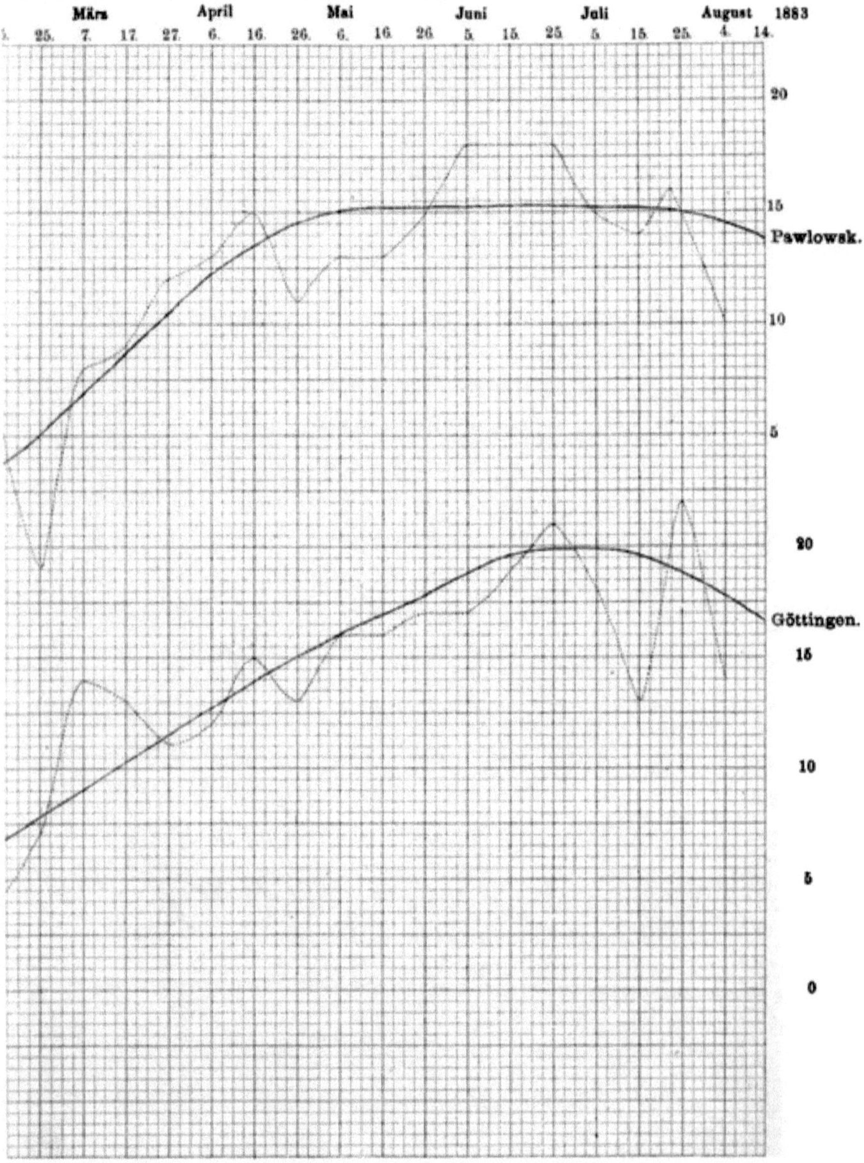